KB230520

페이의 마성의 중국어 스터디북

페이의 마성의 중국어 스터디북

초판 인쇄일 2017년 7월 24일
초판 발행일 2017년 7월 31일

지은이 배정현, 양은지
그림 강한솔
발행인 박정모
등록번호 제9-295호
발행처 도서출판 혜지원
주소 (10881) 경기도 파주시 회동길 445-4(문발동 638) 302호
전화 031) 955-9221~5 **팩스** 031) 955-9220
홈페이지 www.hyejiwon.co.kr
블로그 blog.naver.com/hyejiwon9221
페이스북 www.facebook.com/hyejiwon9221

기획 · 진행 박혜지
디자인 김성혜
영업마케팅 김남권, 황대일, 서지영
ISBN 978-89-8379-939-5
정가 7,000원

이 도서의 국립중앙도서관 출판예정도서목록(CIP)은 서지정보유통지원시스템 홈페이지(http://seoji.nl.go.kr)와
국가자료공동목록시스템(http://www.nl.go.kr/kolisnet)에서 이용하실 수 있습니다.(CIP제어번호: 2017015392)

페이의 마성의 중국어

스터디북

BJ PEI, 양은지 지음 | 강한솔 그림

헤지원

〈페이의 마성의 중국어〉를 처음 접했을 때, 정말 획기적인 책이라고 생각했습니다. 딱딱한 기존의 중고급 교재와 달리 지루하지 않은 콘텐츠가 참 매력적이었습니다. 중국어 중고급자의 메마른 목에 허락된 냉수 같은 느낌이랄까요?
그런데 학습을 이어가다 보니, 그냥 이렇게 벌컥벌컥 마시며 콘텐츠를 보내버리기보다는 여기에 실린 좋은 문장들을 꼭꼭 씹어먹으면 좋겠다는 생각이 들었습니다.

〈페이의 마성의 중국어 스터디북 ; 마중스〉는 그래서 만들어졌습니다.

단어를 들으면서 암기하고, 빈칸을 채워넣으며 자연스레 문장을 익히고,
부족했던 어법은 튼튼히 다지고, 좋은 문장들은 직접 작문까지 해볼 수 있는 책.
혼자 해도 좋고 친구들과 함께 해도 좋은 책. BJ PEI의 친근한 음성과 함께 할 수 있는 책.

이 책이 여러분의 중국어 실력 향상에 일조할 수 있기를 바라며,
이 책을 함께 만들 수 있는 기회를 주신 저의 라오반 BJ PEI님께 깊은 감사를 전합니다.

– 양은지 올림 –

남의 중국어를 쳐다만 보던 누군가가 시간을 내어 참여하고,
남의 중국어를 듣기만 하던 누군가가 용기를 내어 입을 열고,
남의 중국어를 부러워 하던 당신이 누군가의 부러움을 얻게 되길 바랍니다.
남의 중국어가 나의 중국어가 되는 기쁨을 나누고 싶습니다.

– BJ PEI 배정현 올림 –

❤ 각 유닛의 첫번째 페이지는 이렇게 활용하세요.

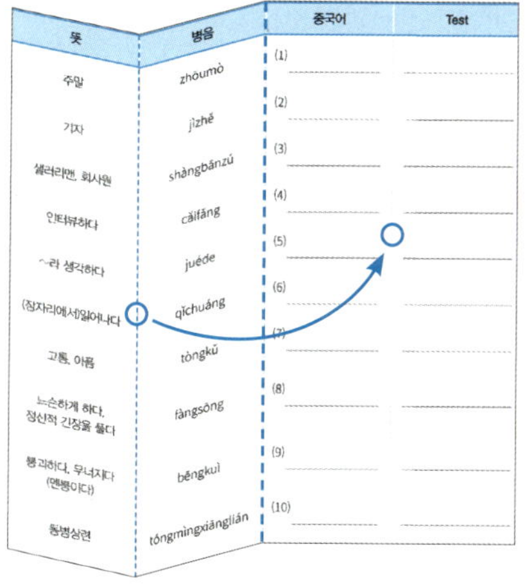

순서 ❶ 녹음을 들으면서 중국어 부분의 빈칸을 채우세요.

순서 ❷ TEST할 땐 점선을 따라 4등분으로 접으세요.

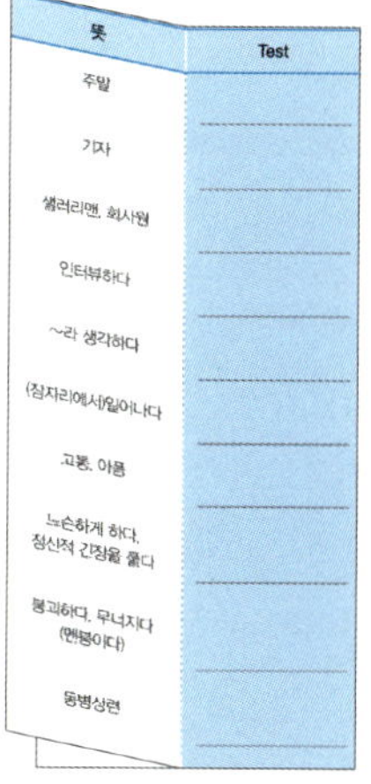

순서 ❸ 뜻부분과 TEST 부분이 만나도록 접고, 뜻을 보며 알맞은 중국어를 써보세요.

목차

Step #1 듣고 외우기

■ 날짜   ■ 오늘의 별점 ☆☆☆☆☆

녹음을 들으며 중국어를 써 보고, 스스로 테스트해보세요. ▼ 하루 10개!   🔊 01-01

뜻	병음	중국어	Test
주말	zhōumò	(1)	
기자	jìzhě	(2)	
샐러리맨, 회사원	shàngbānzú	(3)	
인터뷰하다	cǎifǎng	(4)	
~라 생각하다	juéde	(5)	
(잠자리에서)일어나다	qǐchuáng	(6)	
고통, 아픔	tòngkǔ	(7)	
느슨하게 하다, 정신적 긴장을 풀다	fàngsōng	(8)	
붕괴하다, 무너지다 (멘붕이다)	bēngkuì	(9)	
동병상련	tóngmìngxiānglián	(10)	

▼ 나머지 공부 : 틀린 단어로 예문 만들기!

1 녹음을 들으며 빈칸에 알맞은 단어를 넣고, 해석해보세요.　🔊 01-02

(1) 周一来了，　　　　　　　　　　　　。
　　해석
　　────────────────────────────────

(2) 星期二，怎么周末　　　　　　那么远啊。
　　해석
　　────────────────────────────────

(3) 星期三，真是　　　　　　　　　　　　　　。真崩溃。
　　해석
　　────────────────────────────────

(4) 星期四，　　　　　　忍忍… 还有一天。
　　해석
　　────────────────────────────────

(5) 星期五，嘻嘻，最后一天！今天晚上可以　　　　　　了！
　　해석
　　────────────────────────────────

(6) 星期六，耶！　　　　　来了！
　　해석
　　────────────────────────────────

(7) 星期天，　　　　　的周一又要来了。
　　해석
　　────────────────────────────────

2 요일을 표현하는 다양한 방법입니다. 녹음을 들으며 빈칸을 채워보세요.　🔊 01-03

월요일	화요일	수요일	목요일	금요일	토요일	일요일
星期一		星期三			星期六	
礼拜一			礼拜四		礼拜六	
周一	周二			周五		周日
忙day		未死day			洒脱day	伤day

이 문제가 어려우면 〈본교재 16p〉에 다녀오세요.

比 (〜보다)   /   要 … 了 (곧 〜하려고 한다)

1 옳은 문장에 O표시, 틀린 문장에 X표시를 하고 틀린 문장은 올바르게 고쳐보세요.

(1) 你比我很胖。　　（　　）　➡ ....

(2) 明天快要回国了。　（　　）　➡ ....

2 한국어 해석을 참고해 比문형을 확장해보세요.

(1) 넌 나보다 뚱뚱해.　➡ ....

(2) 넌 나보다 더 뚱뚱해.　➡ ....

(3) 넌 나보다 뚱뚱해, 조금.　➡ ....

(4) 넌 나보다 뚱뚱해, 많이.　➡ ....

(5) 넌 나보다 뚱뚱해, 3kg이.　➡ ....

(6) 난 너보다 뚱뚱하지 않아.　➡ ....

(7) 난 너만큼 뚱뚱하지 않아.　➡ ....

3 그림을 보고 다음 어법 포인트를 넣어 작문해보세요.

(1)

❗ 要 … 了 (곧 〜하려고 한다)

(2)

한국어 해석을 참고하여 빈칸을 채우세요.

기자 　可以采访您一下吗？

샐러리맨 　好啊！

기자 　您觉得人生中最大的痛苦是什么？

샐러리맨 　上班！每天早上很早就要起床。

기자 　还有　(1)　출근보다 더 힘든 것이 있으세요?　(更 / 痛苦)

샐러리맨 　天天上班！一天的工作都很忙。

기자 　还有　(2)　매일 출근하는 것보다 더 고통스러운 것은 무엇인가요?　(天天 / 一些的)

샐러리맨 　加班。

기자 　还有比加班更痛苦的吗？

샐러리맨 　(3)　야근보다 더 고통스러운 건 매일 야근하는 것이요.　(就是 / 加班)

比天天加班更更痛苦的就是无偿加班！

기자 　同命相连的兄弟！

■ 날짜   ■ 오늘의 별점 ☆☆☆☆☆

녹음을 들으며 중국어를 써 보고, 스스로 테스트해보세요. ▼ 하루 10개!   🔊 02-01

뜻	병음	중국어	Test
연애하다, 사랑을 속삭이다	tánliàn'ài	(1)	
왜냐하면	yīnwèi	(2)	
허락하지 않다, 허용하지 않다	búràng	(3)	
～해도 싸다	huógāi	(4)	
솔로, 싱글	dānshēn	(5)	
솔로의 날	guānggùnjié	(6)	
～에 속하다	shǔyú	(7)	
상하게 하다, 다치게 하다	shānghài	(8)	
그런 후에, 그 다음에	ránhòu	(9)	
고려하다	kǎolǜ	(10)	

▼ 나머지 공부 : 틀린 단어로 예문 만들기!

녹음을 들으며 빈칸에 알맞은 단어를 넣고, 해석해보세요.　　　　　　　　　🔊 02-02

(1) 　　　　　　　　　你单身！

　　해석

(2) 单身万岁…　　　　　　　　快乐…。

　　해석

(3) 　　　　　明年今天我　　　　　是一个人吃饭。

　　해석

(4) 别　　　　　和尚　　　　　光棍！

　　해석

(5) 喜欢的狗不　　　　　　，　　　　　　的狗不喜欢。

　　해석

(6) 单身狗也是狗，　　　　　　　也属于虐狗行为。可以不爱，但请不要　　　　　。

　　해석

(7) 大家都觉得　　　我这样的人不可能是单身，然后就都不　　　　我了。

　　해석

让 (~로 하여금 ~하게 하다)   /   拿 A 当 B (A를 B로 여기다)

1 옳은 문장에 O표시, 틀린 문장에 X표시를 하고, 틀린 문장은 올바르게 고쳐보세요.

(1) 妈妈让我不去中国。   (   ) ➡

(2) 你拿我当你的男朋友吗？ (   ) ➡

2 한국어 해석을 참고해 让문형을 확장해보세요.

(1) 김부장이 나더러 술을 마시라고 해요. ➡

(2) 그녀가 나더러 일찍 귀가하라고 해요. ➡

(3) 들어가게 해줘요. ➡

(4) 그녀는 절 못 쉬게 해요. ➡

(5) 엄마가 게임을 못 하게 해요. ➡

(6) 아내가 담배를 못 피우게 해요. ➡

3 〈보기〉를 참고해 다양한 '拿 A 当 B' 문형을 만들어보세요.

| 보기 | 朋友   我的感情   游戏   什么   男朋友 |

(1) 그는 나를 친구로 여긴다. ➡

(2) 제 마음을 장난이라 여기지 마세요! ➡

(3) 당신은 절 뭘로 여기는 거예요? ➡

(4) 저를 당신 남자친구로 여기는 거예요? ➡

중국의 인기 신조어 및 유행어를 활용해 작문하고 큰소리로 읽어보세요.

└ **男票**　　남자친구 (男朋友의 줄임말)
└ **女票**　　여자친구 (女朋友의 줄임말)
└ **单身狗**　연애를 하지 않거나 결혼을 하지 않은 사람이 자신의 신세를 자아풍자적으로 이르는 말
└ **备胎**　　스페어 타이어. 남녀 관계에서의 잠시 놀아줄 엔조이 상대

넌 왜 남자친구가 없어?

(1)

집에서 연애 못하게 하거든. 넌 왜 여자친구가 없는데?

(2)

저는 솔로입니다.

(3)

그녀는 나를 '스페어'로 여긴다.

(4)

Step #1 듣고 외우기

■ 날짜　　　　■ 오늘의 별점 ☆☆☆☆☆

녹음을 들으며 중국어를 써 보고, 스스로 테스트해보세요. ❤ 하루 10개!　　🔊 03-01

뜻	병음	중국어	Test
만약, 만일	rúguǒ	(1)	
오직 ~만 있다	zhǐyǒu	(2)	
주인이 되다, 책임지고 결정하다	zuòzhǔ	(3)	
어쩌면, 아마도	yěxǔ	(4)	
발견하다, 깨닫다	fājué	(5)	
어렵다, 힘들다	jiānnán	(6)	
원망하다	bàoyuàn	(7)	
미소 짓다, 미소	wēixiào	(8)	
견지하다, 유지하다, 고수하다	jiānchí	(9)	
~할 필요 없다	búbì	(10)	

❤ 나머지 공부 : 틀린 단어로 예문 만들기!

녹음을 들으며 빈칸에 알맞은 단어를 넣고, 해석해보세요.　　　　　　　03-02

(1) 人生没有　　　　　。只有结果和后果。

　　해석

____

(2) 人生没有　　　　　，每天都是　　　　　。

　　해석

____

(3) 我的人生我　　　　　。

　　해석

____

(4) 人生是　　　　　，我们每个人都在　　　　　它。

　　해석

____

(5) 　　　　　我的人生。

　　해석

____

(6) 　　　　　有一天，你发觉日子特别艰难，那可能是这次的　　　　　将特别巨大。

　　해석

____

(7) 人生　　　　　vs人生输家

　　输家总是抱怨他们已经　　　　　了。

　　해석

이 문제가 어려우면 〈본교재 28p〉에 다녀오세요.

只 (오직, 단지, 다만)   /   의성어 & 의태어

1 다음 보기에서 알맞은 단어를 고르세요.

> 보기   只有   只要~就   只不过   只是   只能

(1) 我 ____ 你一个人。 난 너 하나뿐이야.

(2) ____ 你开心，我 ____ 很幸福。 네가 기쁘면 난 행복해.

(3) 我们 ____ 朋友。 우리는 그저 친구입니다.

(4) 我 ____ 爱你。 난 널 사랑할 수 밖에 없어.

(5) 那 ____ 是冰山的一角。 그건 빙산의 일각에 불과해.

2 다음 그림을 보고 알맞은 의성어 & 의태어를 써넣으세요.

> 보기   扑通扑通   嗡嗡   咕噜   阿嚏   叽叽喳喳   咔嚓

(1) ____

(2) ____

(3) ____

(4) ____

(5) ____

(6) ____

1 다음 빈칸에 알맞은 동사를 넣어 보세요. (중복 가능)

> **보기**　轻　多　活　勤　小　高　少　大　快

微笑 (1) ______ 一点　미소는 많이

赞美 (2) ______ 一点　칭찬도 많이

做事 (3) ______ 一点　일은 성실히

行动 (4) ______ 一点　행동은 빨리

脑筋 (5) ______ 一点　뇌는 풀가동

效率 (6) ______ 一点　효율 높이기

说话 (7) ______ 一点　목소리 낮추고

理由 (8) ______ 一点　변명은 적게

脾气 (9) ______ 一点　성질 죽이고

肚量 (10) ______ 一点　아량 넓히기

2 밑줄 친 부분을 중국어로 써보세요.

> (1) <u>소중하다는 것을 알았을 땐 이미 늦었고,</u> 当你学会坚持时已经太累，当你爱后爱你的人却离你而去，(2) <u>이것이 바로 인생이다.</u>

(1) ________________________________　(当~时 / 珍惜 / 已经)

(2) ________________________________　(就是)

> (3) <u>인생은 한 번의 여행과 같아요.</u> 不必在乎目的地，重要的是沿途的风景和看风景的心情。

(3) ________________________________　(像 / 一次)

Step #1 듣고 외우기

■ 날짜　　　　■ 오늘의 별점 ☆ ☆ ☆ ☆ ☆

녹음을 들으며 중국어를 써 보고, 스스로 테스트해보세요.　🔽 하루 10개!　🔊 04-01

뜻	병음	중국어	Test
사장, 주인	lǎobǎn	(1)	
사직하다	cízhí	(2)	
부양하다	yǎng	(3)	
주위, 주변	zhōuwéi	(4)	
디자이너	shèjìshī	(5)	
고치다, 수정하다	xiūgǎi	(6)	
허가하다, 비준하다	pīzhǔn	(7)	
도산하다	dǎobì	(8)	
따라갈 수 없다	gēnbushàng	(9)	
스모그	wùmái	(10)	

🔽 나머지 공부 : 틀린 단어로 예문 만들기!

녹음을 들으며 빈칸에 알맞은 단어를 넣고, 해석해보세요.　　🔊 04-02

⑴ 老婆，我想 ＿＿＿＿＿＿ 了，行吗？

　　해석

⑵ 辞职吧！我 ＿＿＿＿ 你！

　　해석

⑶ 世界那么大，我想 ＿＿＿＿＿＿＿。

　　해석

⑷ 钱包那么小，谁都 ＿＿＿＿＿＿＿。

　　해석

⑸ ＿＿＿＿ 原因：我要像梦一样回家养猪，请批准。

　　해석

像 … 一样 (~처럼)   /   동사 + 得 (不) + 了

1 한국어 해석을 참고해 '像 … 一样' 구문을 확장해보세요.

(1) 연예인처럼 예뻐요.   ➡

(2) 나처럼 그녀를 사랑하는군요.   ➡

(3) 그는 재벌 2세처럼 돈이 많아요.   ➡

(4) 당신 딸도 당신처럼 똑똑해요?   ➡

(5) 당신 딸도 당신처럼 그렇게 예뻐요?   ➡

(6) 당신 말처럼 그렇게 쉽진 않아요.   ➡

2 한국어 해석을 보고 보기❶과 보기❷에서 알맞은 단어를 조합해 괄호에 넣어보세요.
(중복 가능)

보기❶ 穿 / 受 / 忘 / 吃
보기❷ 得了 / 不了

(1) 너만 옆에 있어주면, 난 다 견뎌낼 수 있어.   ➡ 只要你在我身边，我就都 　　　　　　。

(2) 아빠는 고생도 참을 수 있고,
억울함도 견딜 수 있어.   ➡ 爸爸 　　　　　　 苦， 　　　　　　 委屈。

(3) 이 많은 음식을 나 혼자서는 못 먹어.   ➡ 这么多菜我一个人 　　　　　　。

(4) 살쪘어. 작년에 산 옷 다 못 입어.   ➡ 胖了，去年买的衣服都 　　　　　　。

(5) 우리 함께 걷던 길, 난 모두 잊을 수 없어.   ➡ 我们一起走过的路，我全都 　　　　　　。

1 주어진 단어를 활용해 문장을 완성하고 큰소리로 말해보세요.

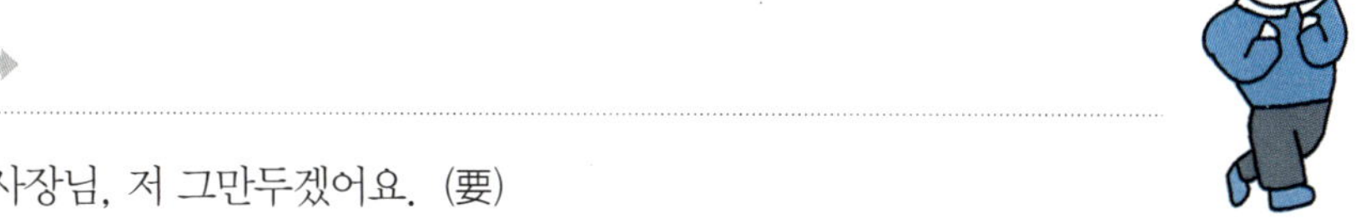

(1) 나님은 안 할란다! (老子)

➡

(2) 사장님, 저 그만두겠어요. (要)

➡

(3) 사장님, 사장님과 비서님의 출장 일을 사모님도 아십니까? (秘书 / 出差 / 老板娘)

➡

(4) 스모그 때문에 회사 가는 길을 못 찾겠네요. (大 / 找不到 / 路)

➡

(5) 나는 사자자리, 사장님은 염소자리, 우린 태생이 상극이다. (狮子座 / 摩羯座 / 相克)

➡

2 다음 단어들을 순서대로 배열해 문장을 만들어보세요.

为了 / 利益 / 我 / 申请 / 对面 / 去 / 公司的 / 公司 / 卧底 / 主动
회사의 이익을 위해 자발적으로 경쟁사에 잠입하겠습니다.

(1)

老板 / 柔弱的 / 我 / 伟大的 / 你 / 梦想 / 跟不上 / 身躯
사장님, 저의 이 비루한 몸뚱이로는 당신의 그 위대한 꿈을 따라갈 수가 없네요.

(2)

우린 못생겨서 열심히 살아야 해요!

■날짜　　　　■오늘의 별점 ☆ ☆ ☆ ☆ ☆

녹음을 들으며 중국어를 써 보고, 스스로 테스트해보세요. 하루 10개! 05-01

뜻	병음	중국어	Test
노력하다	nǔlì	(1)	
성공하다	chénggōng	(2)	
가난하다	qióng	(3)	
분명히	míngmíng	(4)	
젊고 힘이 넘친다	shàozhuàng	(5)	
보아하니, 보기에	kànqǐlái	(6)	
후회하다	hòuhuǐ	(7)	
허비하다	huāngfèi	(8)	
죽을 힘을 다하다	pīnmìng	(9)	
감격하다	gǎnjī	(10)	

나머지 공부 : 틀린 단어로 예문 만들기!

녹음을 들으며 빈칸에 알맞은 단어를 넣고, 해석해보세요.　　🔊 05-02

(1) ＿＿＿＿＿ 一定不会成功。

> 해석

---

(2) 他们 ＿＿＿＿＿ 不是 ＿＿＿＿＿ 他们不努力。

> 해석

---

(3) 你只是 ＿＿＿＿＿ 很努力。

> 해석

---

(4) ＿＿＿＿＿ 努力，＿＿＿＿＿ 幸运。

> 해석

---

(5) 少壮不努力，一生在 ＿＿＿＿＿ ！

> 해석

---

(6) ＿＿＿＿＿ 爱情，我也明明努力 ＿＿＿＿＿ 。

> 해석

---

(7) 你是 ＿＿＿＿＿ 还是 ＿＿＿＿＿ 。要努力的工作，更要 ＿＿＿＿＿ 的工作。

> 해석

---

(8) 你在 ＿＿＿＿＿ 时间的时候，别人都在 ＿＿＿＿＿ 。

> 해석

关于 (~에 관하여)   /   即使 … 也 … (설령 ~라 할지라도)

1 다음 문장을 해석해보고 괄호 안에 关于와 对于 중 알맞은 단어를 넣어보세요.

(1) ＿＿＿＿ 他的服装，我很感兴趣。

(2) 我 ＿＿＿＿ 中国文化很有了解。

(3) ＿＿＿＿ 这件事儿，我们要商量。

(4) ＿＿＿＿ 老师的指教，我表示感谢。

(5) ＿＿＿＿ 她的服装，我没有什么意见。

2 다음 단어들을 순서대로 배열해 문장을 만들어보세요.

(1) 拿 / 即使 / 得瑟 / 你 / 也 / 应该 / 冠军 / 不

설령 금메달을 따더라도, 잘난척하면 안 된다.

➡ ＿＿＿＿＿＿＿＿＿＿＿＿＿＿＿＿＿＿＿＿＿＿＿＿＿

(2) 不要 / 即使 / 也 / 不在 / 逃课 / 老师

설령 선생님이 안 계시더라도, 땡땡이는 안 된다.

➡ ＿＿＿＿＿＿＿＿＿＿＿＿＿＿＿＿＿＿＿＿＿＿＿＿＿

(3) 不是我 / 即使 / 爱的人 / 你 / 我 / 还爱 / 你

설령 네가 사랑하는 사람이 내가 아니라도, 난 널 사랑해.

➡ ＿＿＿＿＿＿＿＿＿＿＿＿＿＿＿＿＿＿＿＿＿＿＿＿＿

(4) 还 / 她 / 你 / 离开 / 不 / 应该 / 她 / 即使 / 恨

그녀가 널 떠나더라도, 그녀를 미워해선 안 된다.

➡ ＿＿＿＿＿＿＿＿＿＿＿＿＿＿＿＿＿＿＿＿＿＿＿＿＿

1 주어진 단어를 활용해 문장을 완성하고 큰소리로 말해보세요.

(1) 조금만 더 노력해봐요. (再 / 一点点)

➡ ____

(2) 열심히 해봤다면 후회는 없어요. (只要 / 过 / 就)

➡ ____

(3) 당신이 노력하지 않으면, 그 누구도 당신이 원하는 삶을 선물할 순 없어요. (给不了 / 生活)

➡ ____

(4) 오늘 열심히 일하지 않으면 내일은 열심히 일을 찾을 것이다. (不努力 / 找)

➡ ____

(5) 난 우산이 없기에 더 열심히 뛰어야만 한다. (伞 / 奔跑)

➡ ____

2 밑줄 친 부분을 중국어로 써보세요.

(1) 미래의 당신은, 一定会感激现在拼命的自己。

即使没人注视， 也要努力成长。

许多眼睛， (2) 당신이 보지 않는 곳에서 숨어 있답니다.

(1) ____ (将来)

(2) ____ (藏在 / 看不见)

Step #1 듣고 외우기

■날짜　　　　■오늘의 별점 ☆☆☆☆☆

녹음을 들으며 중국어를 써 보고, 스스로 테스트해보세요.　❤ 하루 10개!　　🔊 06-01

뜻	병음	중국어	Test
~할 가치가 있다	zhí	(1)	
부러워하다	xiànmù	(2)	
곁, 신변	shēnbiān	(3)	
질, 품질, 질량	zhìliàng	(4)	
친척, 가족	qīnqi	(5)	
선택(하다)	xuǎnzé	(6)	
여지, 남은 땅	yúdì	(7)	
떨어지다	fēnkāi	(8)	
서로, 양쪽	bǐcǐ	(9)	
추억하다	huíyì	(10)	

❤ 나머지 공부 : 틀린 단어로 예문 만들기!

녹음을 들으며 빈칸에 알맞은 단어를 넣고, 해석해보세요.　🔊 06-02

⑴ 朋友是另一个 ________ 。

해석

____

⑵ 朋友 ________________ 走。

해석

____

⑶ 我们 ________ 是朋友。

해석

____

⑷ 人生有这样的朋友就 ________ 了，不是吗？

해석

____

⑸ 朋友就是 ________ 想起，因为从来没 ________ 。

해석

____

⑹ ________ 都有一个人渣朋友，________ 你没有，那你 ________ 是那个人渣。

해석

____

⑺ 上天决定了谁是你的 ________ ，幸运的是在选择朋友方面它给你留了 ________ 。

해석

____

⑻ ________ 那些年在一起的 ________ ，友情的岁月，是记忆里最美的画面。

해석

____

> **不是 A 而是 B** (A가 아니고 B다)　　/　　명사의 중첩
>
> **不是 A 就是 B** (A가 아니면 B다)

1 한국어 해석을 보고 알맞은 접속사를 넣어보세요.

(1) 저는 중국인이 아니고, 한국인입니다.

➡ 我 ______ 中国人, ______ 韩国人。

(2) 그녀는 중국인이거나, 한국인입니다.

➡ 她 ______ 中国人, ______ 韩国人。

(3) 전 대만이 아니라 북경에서 유학했습니다.

➡ 我 ______ 在台湾留学, ______ 在北京留学。

(4) 그녀는 대만에서 유학했을 수도 있고, 북경에서 했을 수도 있습니다.

➡ 她 ______ 在台湾留学, ______ 在北京留学。

2 명사의 중첩에 유의하여 다음 문장을 해석해보세요.

(1) <u>人人</u>都有一个波霸朋友。　　　　　　　　　　　　　❗ 波霸 글래머

해석
....

(2) <u>家家</u>都有不听话的孩子。

해석
....

(3) 我<u>天天</u>学习一个小时。

해석
....

(4) 零整容美女的比率<u>年年</u>下降。　　　　　　　　　　❗ 零整容美女 자연미인

해석
....

1 밑줄 친 부분을 중국어로 쓰고 큰소리로 읽어보세요.

> 会不会羡慕别人身边总是有许多朋友，其实不需要羡慕，
>
> <u>친구는 많음보다는 깊음이니까.</u>

(不是 … 而是 …)

____

2 빈칸에 알맞은 단어를 넣고 시를 읊듯 멋지게 읽어보세요.

> 在一起 / 在彼此朋友面前 / 玩起来
>
> 在彼此家长面前 / 做起事来 / 分开了

好的朋友就是，(1) ＿＿＿＿＿＿ 时都是小孩，(2) ＿＿＿＿＿＿ 都是大人。

(3) ＿＿＿＿＿＿ 都是小孩，(4) ＿＿＿＿＿＿ 都是大人。

(5) ＿＿＿＿＿＿ 都是小孩，(6) ＿＿＿＿＿＿ 都是大人。

좋은 친구란 같이 있을 땐 어린애 같아도 각자의 자리에선 어른이 되는 것.

놀땐 초딩 같고, 일할 땐 프로 같은 것.

엄마 눈엔 꼬마들 같지만 친구들 눈엔 근사한 것.

Step #1 듣고 외우기

■날짜　　　　■오늘의 별점 ☆ ☆ ☆ ☆ ☆

녹음을 들으며 중국어를 써 보고, 스스로 테스트해보세요.　하루 10개!　07-01

뜻	병음	중국어	Test
말해주다, 알리다	gàosu	(1)	
~한 체하다	zhuāngzuò	(2)	
사실	qíshí	(3)	
짝사랑하다	ànliàn	(4)	
일을 그르치다, 지체하다, 머물다	dānwu	(5)	
여전히	réngrán	(6)	
말을 꺼내다	chūkǒu	(7)	
비밀	mìmì	(8)	
블로그	bókè	(9)	
삭제하다	shānchú	(10)	

나머지 공부 : 틀린 단어로 예문 만들기!

녹음을 들으며 빈칸에 알맞은 단어를 넣고, 해석해보세요.　🔊07-02

⑴ 我喜欢你，要不要 ______ 你？

　　[해석]

⑵ 你 ______ 的屁我都觉得特别 ______ 。

　　[해석]

⑶ ______ 学习的不是早恋，是 ______ 。

　　[해석]

⑷ 不要再 ______ ，不该 ______ 的人。

　　[해석]

⑸ 给爱你的人一次机会，也许你会 ______ 他。

　　[해석]

⑹ 我想和你在一起，几天也好。在 ______ 地方，______ 时间。

　　[해석]

⑺ 我 ______ 一秒 ______ 没有拥有过她，却感觉已经 ______ 她几万次。

　　[해석]

⑻ 我 ______ 你的时候，经常访问你的博客。然后 ______ 访问足迹。

　　[해석]

능원동사 **会**의 용법　　／　　**连 … 都 (也)** … (~조차도 ~하다)

❶ 한국어 해석을 참고해 会 문형을 확장해보세요.

(1) 나는 놀 줄 아는 사람이 좋아.　　　➡ ....

(2) 너 술 마실 줄 알아?　　　➡ ....

(3) 난 운전을 할 줄 몰라.　　　➡ ....

(4) 쟤 옷 진짜 잘 입는다.　　　➡ ....

(5) 우리 엄마는 음식을 정말 잘하셔.　　　➡ ....

(6) 그녀가 날 좋아할까?　　　➡ ....

(7) 그녀는 절대로 널 좋아할 리 없어.　　　➡ ....

(8) 우리는 분명 결혼하게 될거야.　　　➡ ....

❷ 다음 문장을 해석해보세요.

(1) 没什么进展，连手都没牵过。　　　❗ **进展** 진도 ｜ **牵手** 손을 잡다

　　해석 ....

(2) 她又怄气了，连短信都不发。　　　❗ **怄气** 토라지다, 삐치다

　　해석 ....

(3) 他被女朋友甩了，痛得连饭也不吃。　　　❗ **甩** 누군가를 차버리다

　　해석 ....

주어진 단어를 활용해 중국어로 옮겨보세요. 그리고 큰소리로 읽어보세요.

(1) 네가 보고 싶을 때, 너도 내가 보고 싶을까? (的时候 / 会)

➡

(2) 야, 딱 들어! 나 너 좋아해! (给我 / 着)

➡

(3) 실은 줄곧 널 짝사랑해왔어. (其实 / 一直)

➡

(4) 너의 눈길 한 번이면, 난 그저 행복해. (只要 / 一眼 / 就可以)

➡

(5) 짝사랑, 너의 이름은 감히 내뱉을 수 없는 비밀. (不敢说出口)

➡

(6) 만약 어느 날, 내가 널 귀찮게 하지 않으면 넌 날 그리워할까? (不再 / 会)

➡

(7) 난 여전히 네가 행복하길 바라, 설령 네가 날 사랑하지 않는다 해도... (仍然 / 幸福快乐 / 就算)

➡

Step #1 듣고 외우기

■날짜　　　　■오늘의 별점 ☆ ☆ ☆ ☆ ☆

녹음을 들으며 중국어를 써 보고, 스스로 테스트해보세요.　🔽 하루 10개!　🔊 08-01

뜻	병음	중국어	Test
가지다	yōngyǒu	(1)	
~한 적 없다	bùcéng	(2)	
포용하다	bāoróng	(3)	
너그럽다	xīnkuān	(4)	
상영하다	shàngyìng	(5)	
도전	tiǎozhàn	(6)	
넘어서다, 초월하다	chāoyuè	(7)	
한참, 한나절	bàntiān	(8)	
배우, 연기자	yǎnyuán	(9)	
연출자, 감독	dǎoyǎn	(10)	

🔽 **나머지 공부 :** 틀린 단어로 예문 만들기!

녹음을 들으며 빈칸에 알맞은 단어를 넣고, 해석해보세요.　　　　🔊 08-02

⑴ 祝福 ＿＿＿＿＿，自在，＿＿＿＿＿，心宽体不胖！

　　해석

⑵ 在冷静与热情之间，在 ＿＿＿＿＿ 的同时也在 ＿＿＿＿＿ ~

　　해석

⑶ 每一天都是一个新的开始，每一次 ＿＿＿＿＿ 都是自我的 ＿＿＿＿＿ !

　　해석

⑷ ＿＿＿＿＿ 大家都拥有了各自的梦想和生活，＿＿＿＿＿ 我们仍然是我们！

　　＿＿＿＿＿ 变过！

　　해석

⑸ 看到一句话笑了 ＿＿＿＿＿ 却也是真理。

　　这句话是：KO不了你的 ＿＿＿＿＿ 让你OK！金句，谢了！

　　해석

⑹ 能遇见《杨贵妃》这样的剧本和 ＿＿＿＿＿ ，是一个演员的幸福；

　　能遇见这个黄金导演组，是一个 ＿＿＿＿＿ 的终极幸福。

　　해석

❤ 이 문제가 어려우면 〈본교재 58p〉에 다녀오세요.

虽然 … 但是 … (비록 ~일지라도) / 不管 … 都 … (~하든지 간에)

1 옳은 문장에 O표시, 틀린 문장에 X표시를 하고, 틀린 문장은 올바르게 고쳐보세요.

(1) 虽然我穿着增高垫，可是我个子比你高。 (　　)

➡

(2) 你虽然不高，但是我喜欢你。 (　　)

➡

2 접속사 '虽然 … 但是 … '를 이용하여 작문해보세요.

(1) 나는 비록 키가 작지만, 깔창은 신지 않는다.

➡

(2) 나는 비록 돈은 없었지만, 그녀에게 가방을 사주었다.

➡

(3) 비록 중국어는 어렵지만, 난 계속 공부할 것이다.

➡

3 접속사 '不管 … 都 … '를 이용하여 작문해보세요.

(1) 네가 어디에 있든 난 너와 함께 있을 거야. ➡

(2) 네가 무슨 말을 하든 난 널 믿어. ➡

(3) 날씨가 좋든 나쁘든 난 꼭 참여할 거야. ➡

(4) 네가 믿든 안 믿든 내 말은 모두 사실이야. ➡

밑줄 친 부분을 중국어로 쓰고 큰소리로 읽어보세요.

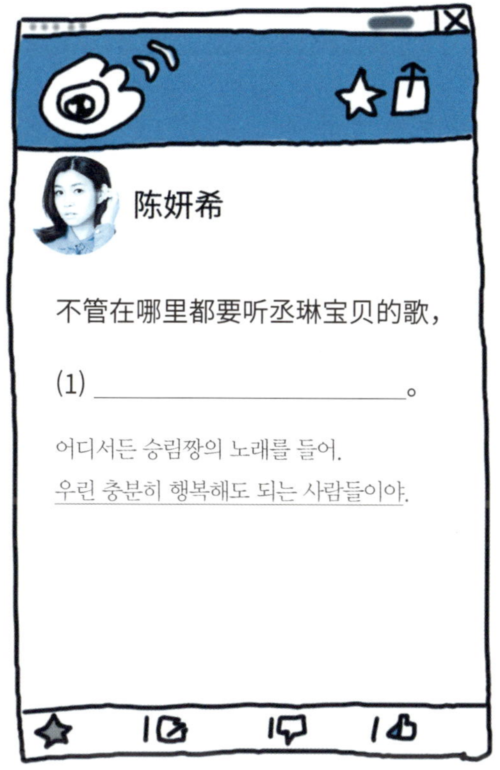

어디서든 승림짱의 노래를 들어.
우린 충분히 행복해도 되는 사람들이야.

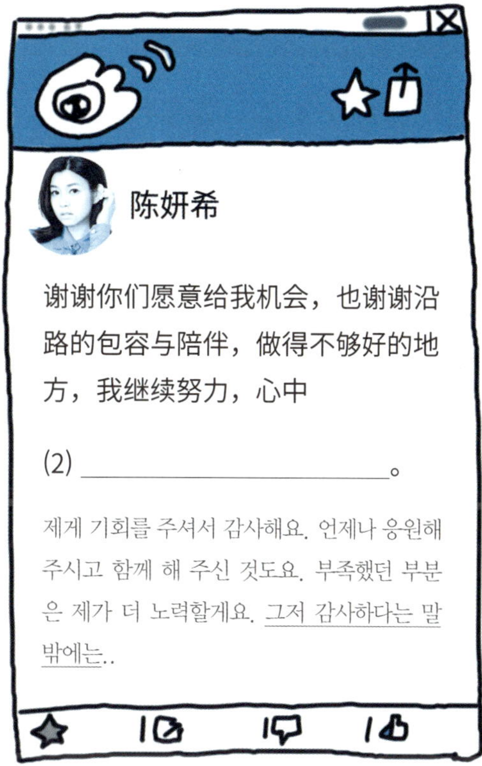

제게 기회를 주셔서 감사해요. 언제나 응원해
주시고 함께 해 주신 것도요. 부족했던 부분
은 제가 더 노력할게요. 그저 감사하다는 말
밖에는..

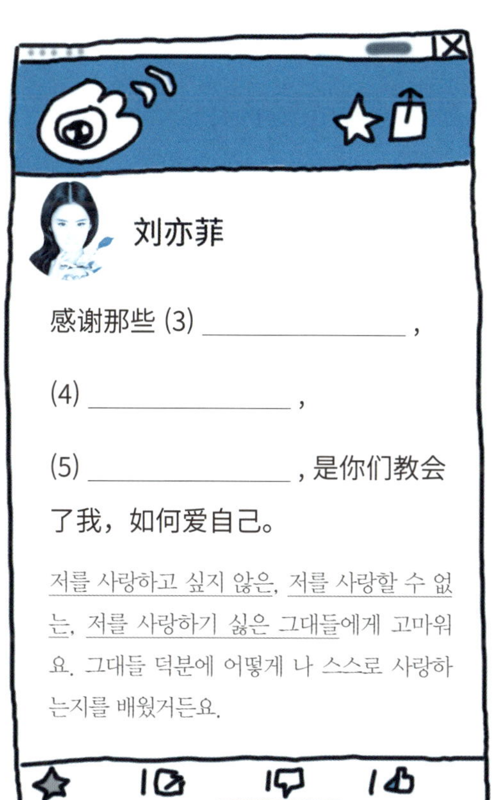

저를 사랑하고 싶지 않은, 저를 사랑할 수 없
는, 저를 사랑하기 싫은 그대들에게 고마워
요. 그대들 덕분에 어떻게 나 스스로 사랑하
는지를 배웠거든요.

한 남자의 마지막 여자가 되는 것이야말로
진정한 행복이지!

Step #1 듣고 외우기

■날짜　　　　■오늘의 별점 ☆☆☆☆☆

녹음을 들으며 중국어를 써 보고, 스스로 테스트해보세요.　🔽 하루 10개!　🔊 09-01

뜻	병음	중국어	Test
~하면서 ~하다	qiě … qiě …	(1)	
간신히 ~하다	miǎnqiǎng	(2)	
새벽, 이른 아침	língchén	(3)	
꽂꽂이하다	chāhuā	(4)	
속죄하다	shúzuì	(5)	
촬영하다	pāishè	(6)	
지지하다	zhīchí	(7)	
순식간	yíshùnjiān	(8)	
진귀하게 여겨 아끼다 소중히하다	zhēnxī	(9)	
삼계탕	shēnjītāng	(10)	

🔽 나머지 공부 : 틀린 단어로 예문 만들기!

녹음을 들으며 빈칸에 알맞은 단어를 넣고, 해석해보세요.　🔊 09-02

⑴ 　　　　　　　　。补补身体，补补运，补补心。

　해석

⑵ 几周以来第一次睡到 　　　　　　，幸福啊！下午好~!

　해석

⑶ 做事：尽心尽力 　　　　 要自然，热情 　　　　 不要勉强。

　해석

⑷ 　　　　 和教插花的老师一起去花市！买了一大 　　　　 花回家，

　家里都变得明亮了呢。

　해석

⑸ 昨天又是 　　　　 的日子，昨天和你们聊得好开心！

　你们是我最大的 　　　　 。

　해석

⑹ 谢谢大家，谢谢大家的 　　　　 ，知道应援很辛苦，每次都很感谢也很感动。

　　　　 你们在，我 　　　　 会努力下去，晚安。

　해석

이 문제가 어려우면 〈본교재 64p〉에 다녀오세요.

> **因为 … 所以 …** (~때문에, 그래서) /
> **下去** (계속해나가다, 변화해가다, 내려가다)

1 '因为 … 所以 …'를 이용해 문장을 만들어보세요.

(1) 넌 잘생겨서 직장 구하기가 어렵지 않을 거야. (长得 / 找工作)

➡ ____

(2) 난 못생겨서 죽기 살기로 공부해야 한다. (长得 / 拼命)

➡ ____

(3) 중국어가 너무 어려워서 난 포기했어. (难 / 放弃)

➡ ____

(4) 폭우가 내려서 운동회가 취소됐어. (下暴雨 / 取消)

➡ ____

2 下去는 ⓐ ~ ⓒ의 뜻을 갖고 있습니다. 각 문장에서 쓰인 의미를 찾아보세요.

> ⓐ 계속해나가다　　ⓑ 변화해가다　　ⓒ (위에서 아래로) 내려가다

(1) 最近她瘦下去，是怎么回事儿？(　　)

(2) 快下去吧。你男朋友在一楼等着你呢。(　　)

(3) 再艰难，我也要坚持下去。(　　)

(4) 我们要活下去。永不放弃！(　　)

(5) 我先下去了。你慢慢来吧。(　　)

여배우의 웨이보를 그대로 가져왔습니다. 해석을 보며 빈칸을 채워보세요.

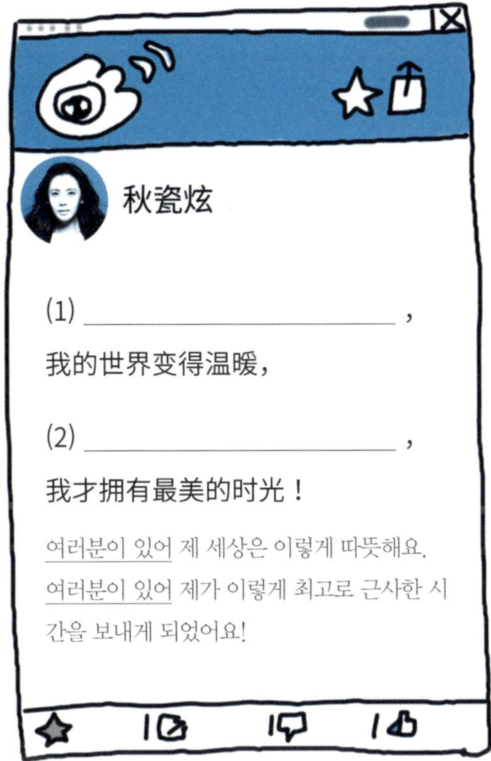

여러분이 있어 제 세상은 이렇게 따뜻해요. 여러분이 있어 제가 이렇게 최고로 근사한 시간을 보내게 되었어요!

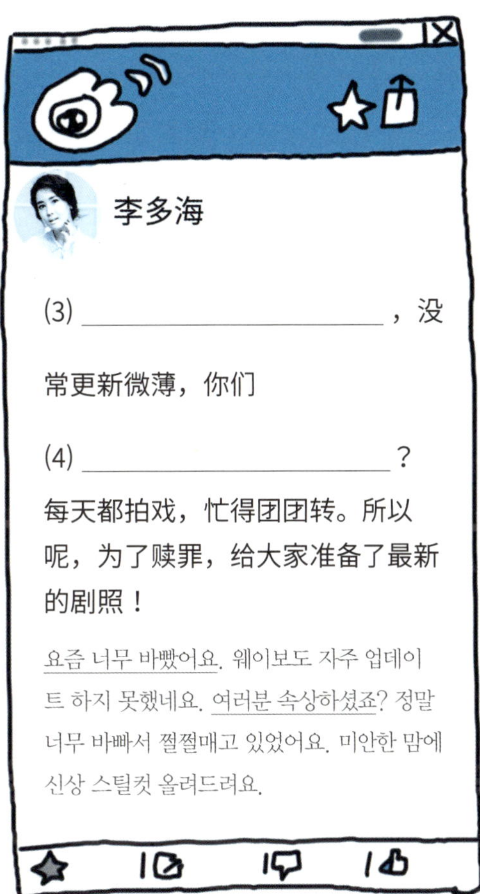

요즘 너무 바빴어요. 웨이보도 자주 업데이트 하지 못했네요. 여러분 속상하셨죠? 정말 너무 바빠서 쩔쩔매고 있었어요. 미안한 맘에 신상 스틸컷 올려드려요.

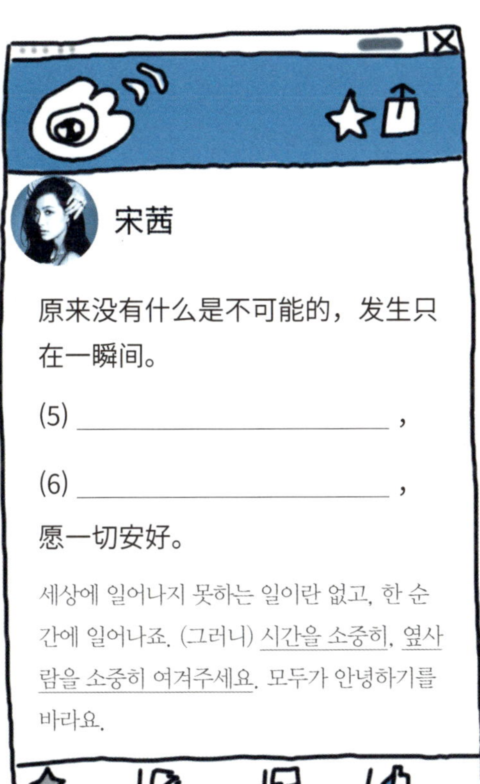

세상에 일어나지 못하는 일이란 없고, 한 순간에 일어나죠. (그러니) 시간을 소중히, 옆사람을 소중히 여겨주세요. 모두가 안녕하기를 바라요.

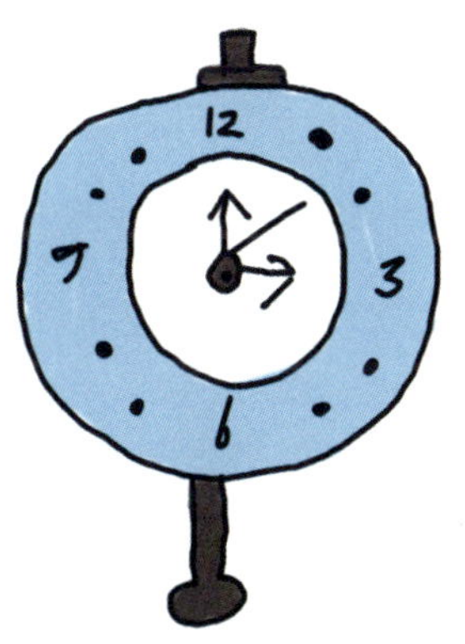

녹음을 들으며 중국어를 써 보고, 스스로 테스트해보세요. ▼ 하루 10개! 🔊 10-01

뜻	병음	중국어	Test
경기, 시합	bǐsài	(1)	
절감하다, 절실히 느끼다	shēnqiè	(2)	
직장, 근무처	gǎngwèi	(3)	
수행하다	xiūxíng	(4)	
습득하다, 배워서 알다	xuéhuì	(5)	
받아들이다, 견뎌내다	chéngshòu	(6)	
침착하다	dàndìng	(7)	
얽매이지 않다, 초월하다, 해탈하다	chāotuō	(8)	
지혜	zhìhuì	(9)	
어려움	kùnnan	(10)	

▼ **나머지 공부** : 틀린 단어로 예문 만들기!

녹음을 들으며 빈칸에 알맞은 단어를 넣고, 해석해보세요.　🔊10-02

⑴ ＿＿＿＿＿＿ 体会做任何工作都不容易。

　　祝愿大家在自己的工作 ＿＿＿＿＿ 上一切顺心。

　　해석

⑵ 最好的幸福，是做想做的自己，也 ＿＿＿＿＿ 爱你的人满意。

　　해석

⑶ 不管 ＿＿＿＿＿＿ 都可以麻烦对方还不用说谢谢的朋友，我有。

　　你也有吧？

　　해석

⑷ ＿＿＿＿＿＿ 你觉得要出发，＿＿＿＿＿＿ 旅途中最困难的部分已经结束了。

　　해석

⑸ 人生是一场 ＿＿＿＿＿＿，每个人都走在自己的人生路上，学会舍得，承受，坚

　　持，淡定，超脱，包容，感恩。它们 ＿＿＿＿＿＿ 让我们走向成熟，智慧和美丽。

　　해석

Step #3 도전! 가로세로 배틀

이 퍼즐을 다 맞춘다면 당신은 중국어 단어 박사!

ⓐ			ⓑ			ⓒ		❸	ⓓ
❶有	口	无	心						
					❷				
							ⓔ		
❹						❺			
									ⓕ
		ⓖ		❻	ⓗ		❼		
❽									

가로열쇠

❶ 말이 직선적이다. 말이 거칠지만 악의는 없다.
❷ 여태껏
❸ 획득하다
❹ 누군가를 차버리다
❺ 사자자리(별자리)
❻ SNS에 게시물을 올리다
❼ (키높이) 깔창
❽ 자신의 연애를 과시함

세로열쇠

ⓐ 가지다
ⓑ 힘과 성의를 다하다
ⓒ 힘차게 일어납시다! 파이팅!
ⓓ 까불다. 잘난 척하다
ⓔ 나 님
ⓕ 뽕브라
ⓖ 연애하다. 사랑을 속삭이다
ⓗ 출현하다. 나타나다

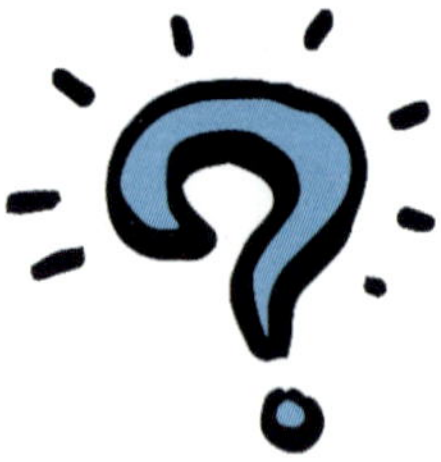

남자 스타의 웨이보를 그대로 가져왔습니다. 해석을 보며 빈칸을 채워보세요.

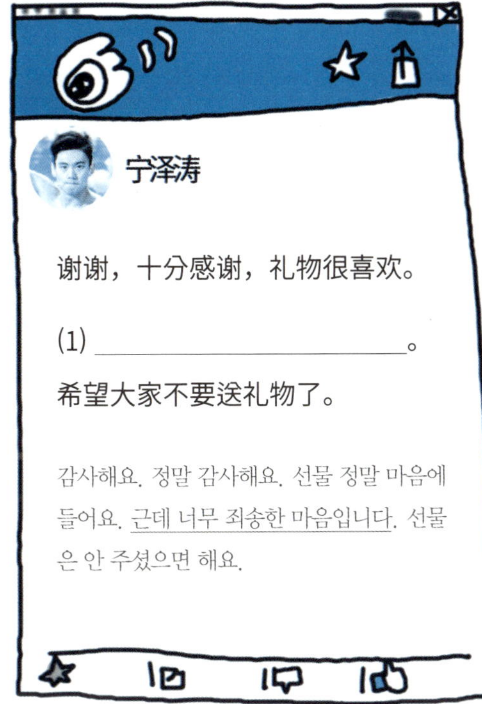

감사해요. 정말 감사해요. 선물 정말 마음에 들어요. <u>근데 너무 죄송한 마음입니다.</u> 선물은 안 주셨으면 해요.

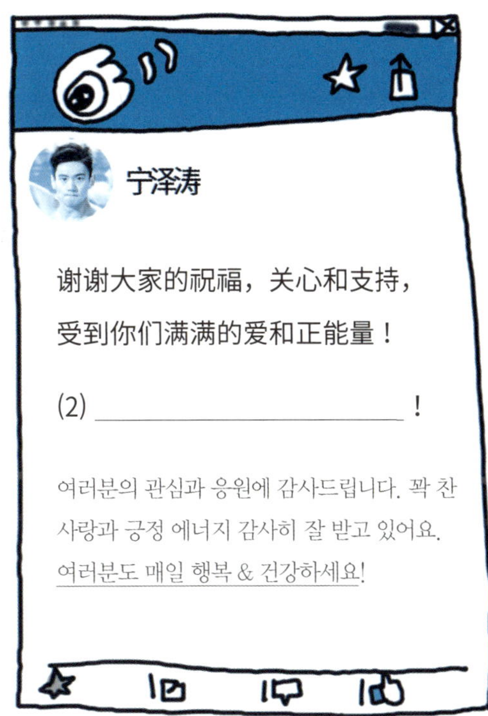

여러분의 관심과 응원에 감사드립니다. 꽉 찬 사랑과 긍정 에너지 감사히 잘 받고 있어요. <u>여러분도 매일 행복 & 건강하세요!</u>

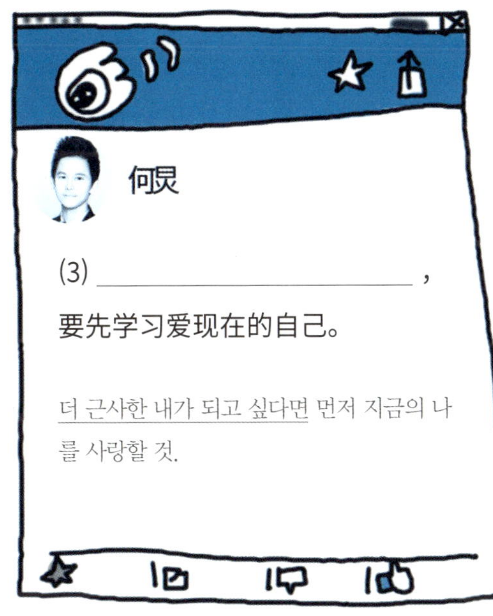

<u>더 근사한 내가 되고 싶다면</u> 먼저 지금의 나를 사랑할 것.

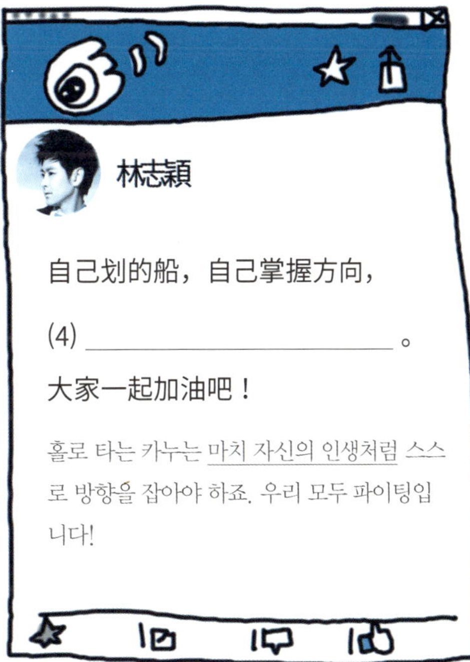

홀로 타는 카누는 <u>마치 자신의 인생처럼</u> 스스로 방향을 잡아야 하죠. 우리 모두 파이팅입니다!

■날짜   ■오늘의 별점 ☆☆☆☆☆

녹음을 들으며 중국어를 써 보고, 스스로 테스트해보세요. ▼ 하루 10개!   🔊 11-01

뜻	병음	중국어	Test
아저씨	dàshū	(1)	
체면을 잃다	diūrén	(2)	
길을 잃다	mílù	(3)	
거지	qǐgài	(4)	
싫어하다, 미워하다, 혐오하다	tǎoyàn	(5)	
얼마나	duōme	(6)	
두렵다, 무섭다	kěpà	(7)	
연맹, 동맹	liánméng	(8)	
대장, 캡틴	duìzhǎng	(9)	
양면(의)	shuāngmiàn	(10)	

▼ 나머지 공부 : 틀린 단어로 예문 만들기!

다음은 영화 〈아저씨〉 소미의 대사입니다. 녹음을 들으며 빈칸에 알맞은 단어를 넣고,
해석해보세요.

🔊 11-02

大叔，你也觉得我 (1) ________________________ 吧？

아저씨, 아저씨도 제가 (2) ____________________ ？

所以 (3) __________ 不认识我吧？

그래서 (4) ____________________ ？

没关系，班上的同学也是那样，老师也是那样…

괜찮아요. 반 애들도 그렇고 선생님도 그런데요, 뭐…

妈妈也说如果 (5) __________ 的话，(6) __________ 不知道地址和电话号码。

엄마도 길 잃어버리면, 주소랑 전화번호 모른척 하래요.

(7) ____________ 喝酒 (8) __________ 说 “一起死” …

(9) ____

比叫我 “(10) __________ ” 的坏孩子们，大叔 (11) __________ ！

거지라고 놀리는 뚱땡이 새끼보다 아저씨가 더 나빠요.

不过我不讨厌你。

(12) ____

(13) ________ 大叔 (14) ________ 讨厌了，我就一个喜欢的人都没有。

아저씨까지 미워하면, 내가 좋아하는 사람 한 개도 없어.

一想到这个我这里就好痛。

그 생각하면 여기가 막 아파요.

所以我不讨厌你。

(15) ________________________ .

> **一 … 就 … (～하고 나서 바로～한다, ～하기만 하면 ～한다)　/**
> **如果 (… 的话) (만약 ～라면)**

1 한국어 해석을 참고해 '一 … 就 …' 문형을 연습해보세요.

(1) 그는 '애처가'라 퇴근하자마자 귀가한다.　　　　　　　　❗ 妻管严 애처가

➡ ....

(2) 그는 '일벌레'라 출근하자마자 일한다.　　　　　　　　❗ 公司蛀虫 일벌레

➡ ....

(3) 그는 연애만 하면 헤어진다.

➡ ....

(4) 그는 술만 먹으면 얼굴이 빨개진다.

➡ ....

(5) 비오는 날만 되면 그녀는 마음이 좋지 않다.

➡ ....

(6) 내가 집에 들어가면 와이프는 바로 저녁 준비를 한다.

➡ ....

2 접속사 '如果'를 활용해 문장을 만들어보세요.

(1) 만약 네가 날 좋아하면 고백해. 난 준비됐어.　➡ ....

(2) 너 안 오면, 나 화낼거야.　　　　　　➡ ....

(3) 만약 돈이 있으면, 나 좀 빌려줘.　　　➡ ....

3 다음 중 접속사 '如果'와 바꾸어 쓸 수 없는 것은? (복수 정답)

(1) **要是**　　　　　(2) **假如**　　　　　(3) **宁可**　　　　　(4) **即使**　　　　　(5) **若**

빈칸에 알맞은 영화를 보기에서 찾아 넣어보세요.

复仇者联盟 [fùchóuzhěliánméng] 어벤져스

变形金刚 [biànxíngjīngāng] 트랜스포머

钢铁侠 [gāngtiěxiá] 아이언맨

美国队长 [měiguóduìzhǎng] 캡틴 아메리카

悲惨世界 [bēicǎnshìjiè] 레미제라블

饥饿游戏 [jī'èyóuxì] 헝거게임

末日列车 [mòrìlièchē] 설국열차

双面君主 [shuāngmiànjūnzhǔ] 광해

A   나는 아이언맨 (1) _______________ , 캡틴 아메리카 (2) _______________ 같은
마블 영화가 좋더라.

그 중 모든 영웅들이 함께 나오는 어벤져스 (3) _______________ 는 압권이지.

B   아! 어벤져스가 자동차가 로봇되는 영화지? 로봇들 끼리 싸우는 거?

A   아니거든?! 그건 트랜스포머 (4) _______________ 지!

B   아~ 그렇구나. 난 액션 영화는 별로야.

레미제라블 (5) _______________ , 설국열차 (6) _______________ 처럼
생각할 것이 있는 영화가 좋아.

A   그래? 그럼 헝거게임 (7) _______________ 을 추천할게. 액션 영화지만, 많은 생각을
하게 하는 영화야.

C   난 외국 영화보단 한국 영화가 좋아. 내가 제일 재미있게 본 영화는

광해 (8) _______________ 였어.

A B C   那，周末我们去看电影吧！

Step #1 듣고 외우기

■날짜   ■오늘의 별점 ☆☆☆☆☆

녹음을 들으며 중국어를 써 보고, 스스로 테스트해보세요. ⏷ 하루 10개!   🔊 12-01

뜻	병음	중국어	Test
설령~하더라도	jiùsuàn	(1)	
도대체	dàodǐ	(2)	
이웃집, 옆집	gébì	(3)	
충치	zhùyá	(4)	
씹다	jiáo	(5)	
부서지다	suì	(6)	
희극	xǐjù	(7)	
남녀 간의 애정, 사랑	àiqíng	(8)	
다큐멘터리	jìlù	(9)	
모험하다	màoxiǎn	(10)	

⏷ **나머지 공부** : 틀린 단어로 예문 만들기!

다음은 영화 〈아저씨〉 대사입니다. 녹음을 들으며 빈칸에 알맞은 단어를 넣고, 해석해 보세요. 🔊 12-02

你有几个 (1) ___________ ？

(2) ________________________________

我是开当铺的，我收金牙。
나 전당포 한다. 금이빨은 받아.

(3) __________ 金牙，我 (4) _______ 会全部嚼碎。

(5) ____

对不起，那时装作 (6) __________ 你，对不起。

(7) ____

(8) __________ 看见你笑的。

(9) ____

要 (10) __________ 生活了，能做到吧？

혼자 사는 거야. (11) ______________ ？

(12) __________ 一下，就 (13) __________ 一次吧。
한 번만, 한 번만 안아보자.

> 就算 … 也 … (即使 … 也 …) (설령~라 할지라도, 그래도 ~하다)　/
> 除了 … 以外 … 都　/　也 (还) (~를 제외하고)

① 주어진 접속사를 이용해 문장을 만들어보세요.

就算 … 也 …

(1) 네가 동의하지 않아도 우린 이렇게 할 거야. (不同意 / 要 / 这样)

➡

(2) 아무도 지지해주지 않더라도 난 나의 길을 갈 거야. (支持 / 走 / 路)

➡

即使 … 也…

(3) 그녀가 오지 않더라도 나는 그녀를 미워하지 않을 것이다. (不来 / 会 / 恨)

➡

(4) 네가 날 욕하더라도 나는 개의치 않을 것이다. (骂 / 会 / 介意)

➡

② 다음 단어들을 순서대로 배열해 문장을 만들어보세요.

(1) 以外 / S型 / 除了 / 身材 / 都是 / 我　나 빼고, 다 S라인 몸매야. `배제`

➡

(2) 开了 / 双眼皮 / 也 / 眼角 / 以外 / 除了　쌍꺼풀 말고, 앞트임도 했어. `포함`

➡

(3) 还 / 以外 / 开眼角 / 除了 / 做过 / 什么　앞트임 말고, 뭐까지 해봤어? `포함`

➡

(4) 隆过鼻 / 还 / 除了 / 开眼角 / 以外　앞트임 말고, 코까지 세워봤어. `포함`

➡

빈칸을 채워보세요.

액션 영화	코미디 영화	멜로 영화	공포 영화	범죄 영화
dòngzuòpiān	xǐjùpiān	(1) ______	(2) ______	fànzuìpiān
(3) ______	(4) ______	爱情片	恐怖片	(5) ______

다큐멘터리 영화	전쟁 영화	어드벤처 영화	무협 영화	SF 영화
jìlùpiān	(6) ______	màoxiǎnpiān	(7) ______	kēhuànpiān
(8) ______	战争片	(9) ______	武侠片	(10) ______

❗ 장르를 말할 때 片은 4성[piàn]이 아닌 1성[piān]으로 말해요.

13 〈베테랑〉 명대사

■ 날짜　　　　■ 오늘의 별점 ☆☆☆☆☆

녹음을 들으며 중국어를 써 보고, 스스로 테스트해보세요. 🔽 하루 10개! 🔊 13-01

뜻	병음	중국어	Test
재벌	cáifá	(1)	
용서하다	yuánliàng	(2)	
형사	xíngjǐng	(3)	
속다	shàngdàng	(4)	
베테랑	lǎoshǒu	(5)	
~라 부르다	chēngzuò	(6)	
황당하다	huāngtáng	(7)	
고 정도, 고만한	nàmediǎnr	(8)	
과자	bǐnggān	(9)	
~뿐이다	éryǐ	(10)	

🔽 나머지 공부 : 틀린 단어로 예문 만들기!

녹음을 들으며 빈칸에 알맞은 단어를 넣고, 해석해보세요.　　🔊 13-02

(1) 我跟你说过你不要 ＿＿＿＿ 了吗，混帐东西！

해석

---

(2) 你 ＿＿＿＿ 了吧？真的，找死 … 我们没钱而已 ＿＿＿＿ 也没有吗？

해석

---

(3) 等等等等，哎，这年轻人话 ＿＿＿＿＿＿＿ 嘛。

我是这家店的老板，把小区 ＿＿＿＿ 这样还想去哪儿？

해석

哎哟，为了 (4) ＿＿＿＿＿＿ 拼什么呢？哎哟真是 …

어휴, 돈 몇 푼 때문에 무슨 꼴이에요 … 어휴.

司机师傅，这是你刚才说的420万，我 (5) ＿＿＿＿＿ 。

기사님, 이거 아까 기사님이 얘기하셨던 420에 (6) ＿＿＿＿

还有这个是给孩子买饼干吃的钱，

(7) ＿＿＿＿ 还得加上药费呢。

그리고 이건 애기 과자값, 약값도 하셔야 되겠네…

那么这件事，今天就结束了哦！加油！

(8) ＿＿＿＿＿

정도보어 **得** (〜한 정도가 어떻다)

1 옳은 문장에 O표시, 틀린 문장에 X표시를 하고, 틀린 문장은 올바르게 고쳐보세요.

(1) 说汉语得很好。　　　　(　　) ➡

(2) 汉语说得很好。　　　　(　　) ➡

(3) 你上课得很有意思。　　(　　) ➡

(4) 你过得好不好？　　　　(　　) ➡

(5) 忙得要命。　　　　　　(　　) ➡

2 한국어 해석을 참고해 得문형을 확장해보세요.

(1) 전 잘 지내요. ➡

(2) 전 잘 못 지내요. ➡

(3) 잘 지내세요? ➡

(4) 어떻게 지내세요? ➡

(5) 당신 말이 모두 맞아요. ➡

(6) 요즘 피곤해 죽겠어요. ➡

(7) 더운 게 여름 같아요. ➡

(8) 바빠서 밥 먹을 시간도 없어요. ➡

(9) 커피를 너무 많이 마셔요. ➡

1 한국어 해석을 보고 빈칸에 알맞게 작문해보세요.

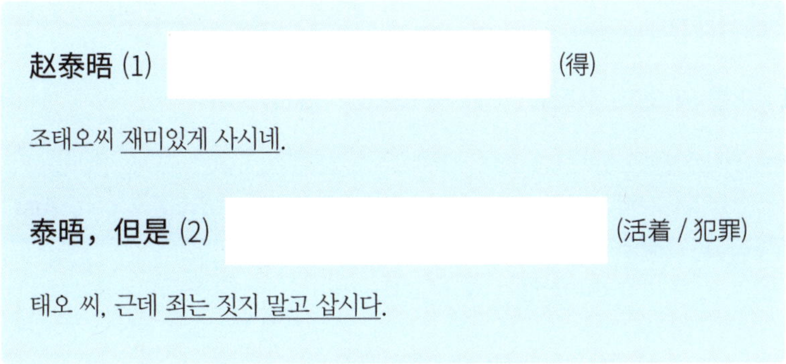

赵泰晤 (1) ____________________ (得)

조태오씨 재미있게 사시네.

泰晤，但是 (2) ____________________ (活着 / 犯罪)

태오 씨, 근데 죄는 짓지 말고 삽시다.

2 한국어 해석을 보고 빈칸에 알맞은 단어를 보기에서 찾아 써넣으세요.

司机 (1) ________ , 你知道石磨的 (2) ________ 吗？

石磨的把手被称作 (3) ' ________ '

这种 (4) ________ 就叫 '无语'

这不是很 (5) ________ 吗？

因为一个把手 (6) ________ 了要做的事。

现在我的 (7) ________ 就是那样。

真是无语了。

기사님, 맷돌 손잡이 알아요?
맷돌 손잡이를 '어이'라 그래요.
이런 상황을 어이가 없다 그래요.
황당하잖아!
아무것도 아닌 손잡이 때문에 해야 될 일을 못하니까.
지금 내 기분이 그래.
어이가 없네.

■ 날짜　　■ 오늘의 별점 ☆☆☆☆☆

녹음을 들으며 중국어를 써 보고, 스스로 테스트해보세요.　♥ 하루 10개!　🔊 14-01

뜻	병음	중국어	Test
가리키는 방향	zhǐxiàng	(1)	
바람이 불다	chuī	(2)	
속이다, 기만하다	piàn	(3)	
말한 대로 하다, 한 말에 책임을 지다	suànhuà	(4)	
옆, 근처	pángbiān	(5)	
만약	yàoshi	(6)	
남은 반평생	xiàbànbèizi	(7)	
소, 말처럼 고역살이를 하다	dāngniúzuòmǎ	(8)	
생각을 정하다	názhǔyi	(9)	
망설이다	yóuyù	(10)	

♥ 나머지 공부 : 틀린 단어로 예문 만들기!

녹음을 들으며 빈칸에 알맞은 단어를 넣고, 해석해보세요.　🔊 14-02

儿子　妈，我要吃西红柿。

엄마, (1)

女儿　我也要吃！
나도 먹을래!

妈妈　等着等着。就一个了。登，(2)　　　　　　　　。

(3)　　　　　　　　　　　　. 하나밖에 없네, 떵아, <u>동생한테 양보하자</u>.

女儿　妈，方达都吃了我也要吃。
엄마 '팡다' 혼자 다 먹었어, 나도 먹을래.

妈妈　没了，妈明天给你买去。

없어, (4)

女儿　骗人！

(5)　　　　　　　！

妈妈　没篇你。妈 (6)　　　　　　　　　　　，好吧？

거짓말 아냐, <u>엄마가 약속 지킬게</u>, 알았지?

再의 용법 / 给의 용법

1 再는 ⓐ ~ ⓒ의 뜻으로 사용됩니다. 각 문장에서 쓰인 의미를 찾아보세요.

ⓐ 다시   ⓑ (~한 후) ~하다   ⓒ 아무리 ~하더라도

⑴ 先吃饭，再回家吧。(   )

⑵ 再见！(   )

⑶ 再来一瓶。(   )

⑷ 再痛苦也不要哭，你是男子汉！(   )

⑸ 我走以后，你再走吧。(   )

⑹ 今天我很忙，明天再说吧！(   )

⑺ 再难也要不放弃。(   )

⑻ 你再爱我也没有用，我已经结婚了。(   )

⑼ 先养好身体，再说吧。(   )

2 给는 ⓐ ~ ⓓ의 뜻으로 사용됩니다. 각 문장에서 쓰인 의미를 찾아보세요.

ⓐ (~에게) ~를 주다   ⓑ ~를 위해서   ⓒ ~에 의해   ⓓ ~를 대신해

⑴ 老师给我一件礼物。(   )

⑵ 我的车给他开走了。(   )

⑶ 我要逃课，你给我听课吧。(   )

⑷ 妈妈每天给我做饭。(   )

다음은 영화 〈대지진〉의 명대사입니다. 해석을 보며 빈칸을 채워보세요.

妈妈　乖~别哭！妈在这儿呢。妈这就 (1) ＿＿＿＿＿＿＿＿＿ 啊。

着하지, 울지 마. (2) ＿＿＿＿＿＿＿. 엄마가 금방 구해줄게.

你姐呢？你姐在你 (3) ＿＿＿＿＿＿＿ 呢没？

누나는? 누나는 네 옆에 없어?

登啊，方登，登啊，你应妈一声吧。登啊~

떵아, 팡떵! 떵아, 엄마한테 대답 좀 해봐. 떵아~

师傅，我求求你们，我求求你们，孩儿他爸，他爸已经没了。

아저씨, 제발, (4) ＿＿＿＿＿＿＿ 제발 … 애들 아빠도 벌써 죽었어요.

我这两个孩子，

(5) ＿＿＿＿ 再不救活我也 (6) ＿＿＿＿＿＿＿ 了。

애들까지 죽으면 저도 못 살아요.

我求求你们。

부탁할게요.

我 (7) ＿＿＿＿＿＿ 给你们 (8) ＿＿＿＿＿＿ ，行吗？

그 은혜는 남은 생애 동안 몸종이 되어서라도 갚을게요. 네?

Step #1 듣고 외우기

■ 날짜　　　　■ 오늘의 별점 ☆☆☆☆☆

녹음을 들으며 중국어를 써 보고, 스스로 테스트해보세요.　❤ 하루 10개!　🔊 15-01

뜻	병음	중국어	Test
태도, 행동 나타내다, 표현하다	biǎoxiàn	(1)	
하마터면	chàdiǎn	(2)	
지진	dìzhèn	(3)	
귀가, 귓전	ěrbiān	(4)	
이해하다	dǒng	(5)	
～에서 ～까지	cóng … dào…	(6)	
상당히～하다	tǐng~de	(7)	
호의호식하다	huāhóngliǔlǜ	(8)	
괴롭히다	zhémó	(9)	
부인, 마누라	xífù	(10)	

❤ 나머지 공부 : 틀린 단어로 예문 만들기!

녹음을 들으며 빈칸에 알맞은 단어를 넣고, 해석해보세요.　🔊 15-02

方登　(1) ＿＿＿＿＿＿ 的时候，我和我弟弟都 (2) ＿＿＿＿＿＿ 着，

别人说只能救一个。

지진이 났을 때 남동생과 함께 깔렸는데, 사람들은 한 명만 구할 수 있다고 했어요.

我妈说，救弟弟！

엄마는 … (3) ＿＿＿＿＿＿＿＿＿＿＿＿＿＿！

这三个字就 (4) ＿＿＿＿＿＿＿＿ 。

그 세 글자가 내 귓가를 떠나질 않아요.

爸，我不是不记得，我是 (5) ＿＿＿＿＿＿ 的。

아빠, 기억 못 하는 게 아니라 잊을 수가 없어요.

养爷　我懂，登啊，可你要记得。

난 이해한다. 떵아, (6) ＿＿＿＿＿＿＿＿＿＿＿ .

亲人 (7) ＿＿＿＿＿＿ 是亲人啊。

가족은 어쨌든 가족이야.

方登　可是我就是忘不掉！

하지만 난 잊을 수가 없어요!

조동사 得, 동사 得   /   동량보어

1 각각의 得 [děi/dé]에 한어병음을 기재하고, 품사에 유의해 다음 문장을 해석해보세요.

> 조동사 得[děi] ~해야 한다 (당위성의 표현), 동사 앞에 사용
> 동사 得[dé]   얻다, 획득하다, 받다

(1) 我不知道怎么得[   ]到她的心。 ➡ ....

(2) 你得[   ]报警，这是金部长调戏你的。 ➡ ....

(3) 韩国队得[   ]了冠军。 ➡ ....

(4) 我们得[   ]小心，隔墙有耳嘛。 ➡ ....

(5) 这次考试我得[   ]了一百分。 ➡ ....

2 동량사가 들어갈 위치를 체크해보세요.

(1) 我 ① 看 ② 了 ③ 。 나는 세 번 봤어. (三遍)

(2) 我 ① 去 ② 过 ③ 。 나는 한 번 가봤어. (一次)

(3) 星期天 ① 我 ② 要 ③ 去 ④ 公司 ⑤ 。 일요일에 나는 회사에 한 번 다녀오려 한다.
(一趟)

(4) 我 ① 看 ② 了 ③ 这部电影 ④ 。 난 이 영화 세 번 봤어. (三遍)

(5) 他 ① 抱 ② 了 ③ 我 ④ 。 그는 나를 한 번 안아주었다. (一次)

(6) 我 ① 叫 ② 了 ③ 她 ④ 。 나는 그녀를 세 번 불렀다. (三次)

1 한국어 해석을 보며 중국어로 작문해보세요.

西红柿都给你洗干净了。(1) ________________________________ 。(骗)

토마토 씻어놨어. 엄마는 널 속이지 않았단다.

没了，(2) ________________________________ 。(才 / 叫)

잃어봐야 잃은 것이 무엇인지 비로소 알게 되지.

你爸他拿命换的我，哪个男的能用命对我好啊，

(3) ________________________________ 。(这辈子 / 媳妇)

네 아버지는 목숨과 나를 바꿨다. 어느 남자가 제 목숨을 바칠 만큼 날 사랑하겠니,
난 이번 생 그의 아내로 살 거야.

2 해석을 보며 빈칸을 채워보세요.

怎么过来 / 折磨 / 没有办法原谅 / 花红柳绿

方登　妈，这些年，你是 (1) ________________ 的呀？

妈妈　我过得挺好的。

方登　女人一辈子，有几个30年啊。你为什么呀？

妈妈　我真的过得挺好的。我要是过得 (2) ________________ 的，都更对不起你了。

方登　妈，对不起，对不起。我 (3) ________________ 了您32年。32年。

　　　　我 (4) ________________ 自己。妈，妈，对不起。

팡떵　엄마, 그 오랜 세월을 어떻게 견디며 살았어요?
엄마　나는 잘 지냈단다.
팡떵　여자 평생에 30년이 몇 번 있다고....왜 그랬어요?
엄마　난 정말 잘 지냈어. 만약에 호의호식하며 살았다면 너한테 더 미안했을 테니까.
팡떵　엄마, 미안해요, 미안해요. 내가 엄마를 32년이나 괴롭혔어. 32년씩이나 말이야.
　　　　내 자신을 용서할 수가 없어. 엄마... 엄마, 미안해요.

■날짜　　　　■오늘의 별점 ☆☆☆☆☆

녹음을 들으며 중국어를 써 보고, 스스로 테스트해보세요. ❤ 하루 10개!　　🔊16-01

뜻	병음	중국어	Test
소위, 이른바	suǒwèi	(1)	
앞으로 나아가다	qiánjìn	(2)	
계속하다	jìxù	(3)	
바둑	wéiqí	(4)	
어쨌든, 어찌 됐든 간에	wúlùnrúhé	(5)	
～할 가치가 있다	zhídé	(6)	
부족하다	búgòu	(7)	
지옥	dìyù	(8)	
참신하다	zhǎnxīn	(9)	
전력투구하다	quánlìyǐfù	(10)	

❤ **나머지 공부** : 틀린 단어로 예문 만들기!

녹음을 들으며 빈칸에 알맞은 단어를 넣고, 해석해보세요.　　🔊 16-02

(1) 不存在 ＿＿＿＿＿＿ 的选择。

해석

＿＿＿＿＿＿＿＿＿＿＿＿＿＿＿＿＿＿＿＿

(2) ＿＿＿＿＿＿ 的时候，没有无用的 ＿＿＿＿＿＿。

해석

＿＿＿＿＿＿＿＿＿＿＿＿＿＿＿＿＿＿＿＿

(3) 不要 ＿＿＿＿ 别人。看看自己的不足。

해석

＿＿＿＿＿＿＿＿＿＿＿＿＿＿＿＿＿＿＿＿

(4) ＿＿＿＿ 的路不是让人走的，重要的是一边走一边 ＿＿＿＿，

无法走出去的路不是路。

해석

＿＿＿＿＿＿＿＿＿＿＿＿＿＿＿＿＿＿＿＿

(5) ＿＿＿＿＿＿，这都是要活下去的人生，这都是值得一活的世界。

해석

＿＿＿＿＿＿＿＿＿＿＿＿＿＿＿＿＿＿＿＿

(6) 我们都 ＿＿＿＿ 未生。

해석

＿＿＿＿＿＿＿＿＿＿＿＿＿＿＿＿＿＿＿＿

☑ 이 문제가 어려우면 〈본교재 116p〉에 다녀오세요.

并의 용법   /   是 ~ 的 강조 구문

1 并은 ⓐ ~ ⓒ의 뜻을 갖고 있습니다. 각 문장에서 쓰인 의미를 찾아보세요.

> ⓐ 결코, 전혀, 조금도   ⓑ (~함과) 동시에, 같이   ⓒ 아울러, 게다가 (并且의 의미)

(1) 我并没有喝醉。再来一瓶吧。   (   )

(2) 我想找一个爱我并有钱的男人。   (   )

(3) 她已经结婚，并生了个孩子。   (   )

(4) 她并不喜欢你。   (   )

(5) 我喜欢并支持你出的主意。   (   )

2 '是 ~ 的' 강조 구문에 유의하여 다음 문장을 해석해보세요.

(1) 我是昨天看电影的。   ➡

(2) 我是自己看电影的。   ➡

(3) 我是在家看电影的。   ➡

(4) 我不是看电影的。   ➡

(5) 我不是自己看电影的。   ➡

괄호 안에 알맞은 접속사를 써넣고, 큰소리로 읽어보세요.

> 即使 … 也 … / 不是 … 而是 … / 虽然 … 但是 …
> 如果 … 那 … / 因为 … 所以 … / 如果

(1) ⬚⬚⬚⬚⬚ 路为所有人都开放着，⬚⬚⬚⬚⬚ 并不是所有的人都能走那条路。

길은 모두에게 열려 있지만 모두가 그 길을 걸을 수 있는 것은 결코 아니다.

(2) ⬚⬚⬚⬚⬚ 失去武器游戏 ⬚⬚⬚⬚⬚ 将继续。

돌을 잃어도 게임은 계속 된다.

(3) ⬚⬚⬚⬚⬚ 想做什么，先单单考虑你自己。

뭔가 하고 싶다면 일단 너만 생각해라.

(4) ⬚⬚⬚⬚⬚ 因为世界不公平而失败的，

⬚⬚⬚⬚⬚ 因为我不够努力所以才失败的。

세상이 불공평해서 실패한 것이 아니다. 내가 열심히 안 해서 실패한 것이다.

(5) ⬚⬚⬚⬚⬚ 公司是战场，⬚⬚⬚⬚⬚ 社会就是地狱。

회사가 전쟁터면 사회는 지옥이다.

(6) ⬚⬚⬚⬚⬚ 到现在我没有努力过，⬚⬚⬚⬚⬚ 我的努力是崭新的，

我会努力做的。无条件全力以赴。

전 지금까지 제 노력을 쓰지 않았으니까 제 노력은 새빠진 신상입니다.

열심히 하겠습니다. 무조건 전력을 다하겠습니다.

■날짜　　　■오늘의 별점 ☆☆☆☆☆

녹음을 들으며 중국어를 써 보고, 스스로 테스트해보세요.　하루 10개!　🔊 17-01

뜻	병음	중국어	Test
모래시계	shālòu	(1)	
감상하다	xīnshǎng	(2)	
경청하다, 듣다	língtīng	(3)	
까맣게 타다	shāojiāo	(4)	
맛, 냄새	wèidao	(5)	
타다	ránshāo	(6)	
응답하다	huídá	(7)	
충만하다	chōngmǎn	(8)	
매력	mèilì	(9)	
짐작하건대, 어쩌면	shuōbúdìng	(10)	

🔻 나머지 공부 : 틀린 단어로 예문 만들기!

녹음을 들으며 빈칸에 알맞은 단어를 넣고, 해석해보세요.　🔊 17-02

(1) ＿＿＿＿＿ 你愿意或者不愿意，该发生的 ＿＿＿＿＿ 会发生。

　　这就是地球人说的 "＿＿＿＿＿"。

　　해석

---

(2) 你喜欢我 ＿＿＿＿＿ 讨厌我 ＿＿＿＿＿ 没有关系，因为你是我的女人。

　　해석

---

(3) 我 ＿＿＿＿＿ 因为爱你而要跟你结婚，＿＿＿＿＿ 因为只爱你，

　　＿＿＿＿＿ 才要和你结婚的啊，你这个 ＿＿＿＿＿ 的女人啊。

　　해석

---

(4) 'present' 这个英文 ＿＿＿＿＿ 有两个意思，＿＿＿＿＿ 还有 ＿＿＿＿＿。

　　＿＿＿＿＿ 对我们来说，最 ＿＿＿＿＿ 的礼物就是现在。

　　正是咱们 ＿＿＿＿＿ 的这段 ＿＿＿＿＿。

　　해석

이 문제가 어려우면 〈본교재 122p〉에 다녀오세요.

还是의 용법   /   **或者**의 용법 (어쩌면, ~든지 ~든지)

1 还是은 ⓐ ~ ⓒ의 뜻을 갖고 있습니다. 각 문장에서 쓰인 의미를 찾아보세요.

> ⓐ 여전히, 아직   ⓑ (아무래도) ~하는게 낫다   ⓒ A 아니면 B (선택의문문)

(1) 你还是买便宜的吧。 (　　　)

(2) 下午去人太多。我们还是早上去吧。 (　　　)

(3) 你是韩国人还是中国人？ (　　　)

(4) 你还是老样子。 (　　　)

(5) 你已经走了，可我还是爱你。 (　　　)

(6) 你是学霸还是学渣？ (　　　)

2 还是의 용법에 유의하여 다음 문장을 중국어로 작문해보세요

(1) 난 중국어를 배울지 영어를 배울지 모르겠어. ➡

(2) 중국에 갈지 일본에 갈지 아직 못 정했어. ➡

3 或者의 용법에 유의하여 다음 문장을 해석해보세요.

(1) 你快去看看吧，或者她在等你。 ➡

(2) 坦白地问一下，或者她也喜欢你。 ➡

(3) 现金或者刷卡，都行！ ➡

(4) 全部信任，或者全部不信！ ➡

해석을 보며 괄호 안에 알맞은 단어를 써넣어보세요.

跳舞吧，像 (1) ____________ 一样。 춤추라, 아무도 바라보고 있지 않은 것처럼.

唱歌吧，像 (2) ____________ 一样。 노래하라, 아무도 듣고 있지 않은 것처럼.

干活吧，像 (3) ____________ 一样。 일하라, 돈이 필요하지 않은 것처럼.

生活吧，像 (4) ____________ 一样。 살아라, 오늘이 마지막 날인 것처럼.

去爱把，像 (5) ____________ 一样。 사랑하라, 한 번도 상처받지 않은 것처럼.

你没有闻到什么烧焦的味道吗？ 무슨 타는 냄새 안 나요?

(6) ____________ 당신을 향한 내 마음이 타고 있잖아요.

要吃饭，(7) ____________ ！ 밥 먹을래 나랑 뽀뽀할래!

要吃饭，(8) ____________ ！ 밥 먹을래 나랑 잘래!

要吃饭，(9) ____________ ！ 밥 먹을래 나랑 같이 죽을래!

爱情?

(10) ____________ , 现在我要用钱来买。

(11) ____________ ?

要多少钱能买到？

사랑?

웃기지 마. 이제 돈으로 사겠어.

돈으로 사면 될 거 아냐.

얼마면 되겠니?

■날짜　　　　■오늘의 별점 ☆☆☆☆☆

녹음을 들으며 중국어를 써 보고, 스스로 테스트해보세요.　하루 10개!　18-01

뜻	병음	중국어	Test
시험지	kǎojuàn	(1)	
이름을 짓다	qǐmíngzi	(2)	
잃어버리다	shīqù	(3)	
인내심	nàixīn	(4)	
함께 누리다	gòngxiǎng	(5)	
소용이 없다	méiyǒuyòng	(6)	
확정할 수 없다	bùyídìng	(7)	
낙관적이다	lèguān	(8)	
비관적이다	bēiguān	(9)	
가끔씩, 때때로	yǒushíhòu	(10)	

나머지 공부 : 틀린 단어로 예문 만들기!

녹음을 들으며 빈칸에 알맞은 단어를 넣고, 해석해보세요.　🔊 18-02

⑴ 这个叫小羊的女生，每天在 ＿＿＿＿＿＿ 上画一只小羊，而且 ＿＿＿＿＿＿＿＿

　　叫'南方小羊牧场'。就是南阳街的意思啦。

　　해석

　　＿＿＿＿＿＿＿＿＿＿＿＿＿＿＿＿＿＿＿＿＿＿＿＿＿＿＿＿＿＿＿＿＿＿＿＿＿＿

⑵ ＿＿＿＿＿＿ 的一定会回来，只是你要有 ＿＿＿＿＿＿ 。

　　해석

　　＿＿＿＿＿＿＿＿＿＿＿＿＿＿＿＿＿＿＿＿＿＿＿＿＿＿＿＿＿＿＿＿＿＿＿＿＿＿

⑶ 狼与羊可以 ＿＿＿＿＿ 共同一片草原吗？

　　해석

　　＿＿＿＿＿＿＿＿＿＿＿＿＿＿＿＿＿＿＿＿＿＿＿＿＿＿＿＿＿＿＿＿＿＿＿＿＿＿

⑷ ＿＿＿＿＿＿ 离开的人会比较快乐。

　　해석

　　＿＿＿＿＿＿＿＿＿＿＿＿＿＿＿＿＿＿＿＿＿＿＿＿＿＿＿＿＿＿＿＿＿＿＿＿＿＿

⑸ 我的补习结束了，我没有 ＿＿＿＿＿ 聪明的人。

　　但是我学会一件事，答案真的会从天上 ＿＿＿＿＿ 下来，

　　但前提是你要先把答案 ＿＿＿＿＿ 到天上去。

　　해석

而의 용법　　/　　时间 vs 时候

1 而의 용법을 생각하며 해석해보세요.

(1) 她喜欢我，而我不喜欢她。[역접]
➡ ....

(2) 这样做，花费少而收获大。[역접]
➡ ....

(3) 她每天认真而诚实地准备直播。[순접]
➡ ....

(4) 所以她的课有意思而崭新。[순접]
➡ ....

(5) 我为学习汉语而看Pei的直播。[목적]
➡ ....

(6) 因为雾霾而离开了北京。[원인]
➡ ....

(7) 那声音由远而近。[변화]
➡ ....

(8) 由冬而春，时间过得真快。[변화]
➡ ....

2 문장을 읽고 알맞은 단어를 고르세요.

(1) 今天你有 (时间 / 时候) 吗?

(2) 你什么(时间 / 时候)去中国？

(3) 你每天学习多长 (时间 / 时候) ？

(4) 我来的 (时间 / 时候)，就什么都不知道。

(5) 我喜欢会利用 (时间 / 时候) 的人。

(6) 那 (时间 / 时候) 你真漂亮，现在怎么变成这样？

해석을 보면서 빈칸에 알맞은 문장을 써보세요.

小羊　很多时候，不管你做什么都是 (1) ＿＿＿＿＿＿＿ 的！

네가 무엇을 어떻게 해도 소용이 없는 경우가 많아.

如果他已经决定要离开了。

(2) ＿＿＿＿＿＿＿＿＿＿＿＿＿＿＿.

阿东　(3) ＿＿＿＿＿＿＿＿。如果早点知道，说不定还可以努力啊~

꼭 그렇진 않아! 만약 조금 일찍 알았더라면 노력해 볼 수 있었을지도 모르잖아.

小羊　什么努力啊？

무슨 노력?

阿东　知道自己哪里不好，然后就去改进！

본인이 뭐가 문제인지 알아보고 고칠 수도 있잖아.

小羊　(4) ＿＿＿＿＿＿＿＿＿＿？

넌 그렇게 생각해?

阿东　我常在想啊！如果我前女友离开那一天，我可以早一点醒来，或前一天，
我可以多做些什么，或少做些什么。。。

난 종종 이런 생각을 해. 만약 그녀가 떠나던 그 날 내가 좀 일찍 일어났더라면,
아님 그 전날 내가 뭘 더 해줬더라면, 아님 덜 해줬더라면...

说不定我们还在一起耶~

(5) ＿＿＿＿＿＿＿＿＿＿~

小羊　你好乐观喔。

넌 참 긍정적이구나.

阿东　(6) ＿＿＿＿＿＿＿。

넌 참 부정적이구나.

小羊　(7) ＿＿＿＿＿＿＿，(8) ＿＿＿＿＿＿＿＿＿＿。

(有时候 / 时间 / 该)

가끔은 이런 것 같아, 시간이 되면 일어나야 할 일은 일어나기 마련이더라.

Step #1 듣고 외우기

■날짜　　　　■오늘의 별점 ☆☆☆☆☆

녹음을 들으며 중국어를 써 보고, 스스로 테스트해보세요.　하루 10개!　19-01

뜻	병음	중국어	Test
소원, 소망	yuànwàng	(1)	
유일하다	dúyīwú'èr	(2)	
~해서는 안 된다	bùyīnggāi	(3)	
제멋대로 굴다	rènxìng	(4)	
해낼 수 없다	bànbúdào	(5)	
~잖아	zhe ne	(6)	
그때 가서, 그때 되면	dàoshíhou	(7)	
신청하다	shēnqǐng	(8)	
확실히, 정말, 참으로	shízài	(9)	
빚지다	qiàn	(10)	

나머지 공부 : 틀린 단어로 예문 만들기!

녹음을 들으며 빈칸에 알맞은 단어를 넣고, 해석해보세요.　🔊 19-02

(1) 新千年了。你有什么　　　　　？

　해석

(2) 我想在教堂，办一个　　　　　的婚礼。跟谁的都不一样。

　해석

(3) 我想　　　　　你去一个只有我们两个人的地方。

　해석

(4) 我觉得你　　　　　听你爸的。　　　　　放弃这个机会！你要去美国。

　해석

(5) 你真想让我去啊？我不想　　　　　你。我不想去美国！

　해석

(6) 我不希望你因为我　　　　　这个好机会！你去吧！

　해석

(7) 求求你，别让我走！这是我们两个人的事儿，我一个人　　　　　！

　해석

능원동사 应该 / 来着의 용법

1 (应) 该의 용법을 생각하며 중국어로 작문해보세요.

> **능원동사 应该**
> ① 마땅히 ～해야 한다 (당위성)
> ② 분명 ～일 것이다 (경험을 근거로 한 추측)
> ③ ～의 차례 (순서)

(1) 他住院了，＿＿＿＿＿＿＿＿＿！ 걔 입원했어. 네가 가봐야지!

(2) 天黑了，＿＿＿＿＿＿＿＿＿！ 날이 저물었네요. 전 들어가봐야 해요!

(3) 今天 ＿＿＿＿＿＿＿＿＿＿。 오늘은 이러면 안 돼!

(4) 她 ＿＿＿＿＿＿＿＿＿＿＿。 그녀는 네 뜻을 이해할 거야.

(5) ＿＿＿＿＿＿ 了！ 네 차례야!

2 来着의 용법을 생각하며 다음 문장을 해석해보세요.

> **来着의 용법** 구(句)의 끝에 쓰이며 '～하고 있었다'의 의미

(1) 刚好我也想你来着。 ➡

(2) 我一直等你来着。 ➡

(3) 他说什么来着？ ➡

(4) 你做什么来着？ ➡

(5) 你是谁来着？叫什么来着？ ➡

(6) 我不说什么来着，你干嘛又欺负我？ ➡

한국어 해석을 보고 작문해보세요.

小·栀　加油！힘내!

林一　加着呢，别到时候你去不了啦！힘내고 있잖아, 그 때 가서 못 간다고 하지나 마!

小·栀　林一，(1) ＿＿＿＿＿＿＿＿＿，(2) ＿＿＿＿＿＿＿＿＿？(要是 / 还)

린이, 만약에 내가 미국에 안 가면, 그래도 넌 갈 거야?

林一　不去！(3) ＿＿＿＿＿＿＿＿＿！(哪儿) 아니! 너랑 어디든 함께 갈 거야!

小·栀　如果当初你知道我跟本就去不了美国，

만약 그 때 내가 미국에 갈 수 없단걸 알았다 치자.

你还去不去？넌 그래도 갈 거니?

林一　去。我已经不是当初那个林一了。갈 거야. 난 이미 그때의 린이가 아니야.

你也不是当初那个周小栀。너도 그때의 시아오즈가 아니고.

小·栀　(4) ＿＿＿＿＿＿＿＿＿，(来着)

너 찾아서 미국으로 가고 싶었어.

可是斯坦福申请失败了。그런데 스탠포드가 안 됐어!

一次，两次，我实在是没有信心了。한 번, 두 번, 자존감은 바닥에 떨어졌어.

林一　所以你就放弃了？是吧？그래서 포기한 거야? 그렇지?

小·栀　(5) ＿＿＿＿＿＿＿＿＿。(能 / 都) 내가 할 수 있는 건 다 했어.

只是我不确定啊。그런데 확신할 수 없었어.

林一　你不确定什么啊？무슨 확신?

小·栀　我不确定，如果我叫你回来你还会不会回来？

만약에 내가 돌아오라고 했으면 네가 돌아왔을까?

我们，最后还是输给了现实。우리는 현실에 지고 만 거야.

所以啊，林一！(6) ＿＿＿＿＿＿＿＿＿。(谁也 / 欠)

그러니까 린이, 우리 누구도 탓하지 말자.

녹음을 들으며 중국어를 써 보고, 스스로 테스트해보세요.　🔽하루 10개!　　🔊 **20-01**

뜻	병음	중국어	Test
하루 세 끼	yīrìsāncān	(1)	
무심코	yǒuyìwúyì	(2)	
싫어하다, 구박하다	xiánqì	(3)	
신발 끈을 묶다	bǎng xiédài	(4)	
단추를 잠그다	jì kòuzi	(5)	
머리를 빗다	shū tóufa	(6)	
코를 닦다	cā bítì	(7)	
원망하다	guàizuì	(8)	
(부들부들) 떨다	chàndǒu	(9)	
재촉하다	cuīcù	(10)	

🔽 **나머지 공부 :** 틀린 단어로 예문 만들기!

녹음을 들으며 빈칸에 알맞은 단어를 넣고, 해석해보세요.　　　　　🔊 20-02

⑴ 妈妈您　　　　　了。

해석

⑵ 父母，永远　　　　　的爱。

해석

⑶ 　　　　　天下所有的父母　　　　　。

해석

⑷ 不要　　　　　你父母给你的东西不够好，那可能是他们的　　　　　了。

해석

⑸ 我不在家时：他们　　　　　，清粥小菜。

我在家时：他们每天都　　　　　一桌好吃的。

해석

⑹ 我不在家时：他们总向别人　　　　　提起我。

我在家时：他们却特别　　　　　我。

해석

쌍빈동사 / 구조조사 地

1 빈칸에 알맞은 단어를 넣어 문장을 완성하세요.

教　　问　　借　　给　　还　　告诉

(1) 他 ______ 我泡妞的秘诀。 그는 내게 여자 꼬시는 방법을 가르쳐주었다.

(2) 我 ______ 他5千万韩币。 나는 그에게 5천만 원을 주었다.

(3) 能 ______ 我5千万韩币吗？ 나에게 5천만 원을 빌려줄 수 있니?

(4) ______ 我钱吧！ 내 돈을 돌려주렴!

(5) ______ 他还钱的日子吧。 그에게 돈 갚는 날을 물어봐.

(6) 我 ______ 你一个秘密，'今天你死定了'。 내가 비밀 하나 알려줄게. '오늘이 네 제삿날이야.'

2 地를 사용하여 중국어로 작문해보세요.

(1) 그녀는 기쁘게 말했다. ⇒ ____________________ (高兴)

(2) 침착하게 생각해! ⇒ ____________________ (冷静)

(3) 그녀는 천천히 수속을 밟았다. ⇒ ____________________ (慢慢)

(4) 돈 벌기가 어떻게 쉽겠니? ⇒ ____________________ (轻轻松松)

(5) 건성으로 듣지 마! ⇒ ____________________ (心不在焉)

(6) 그녀는 항상 돈을 펑펑 쓴다. ⇒ ____________________ (大手大脚)

괄호 안에 알맞은 단어를 찾아 써넣으세요.

> **用勺子 / 系扣子 / 穿衣服 / 洗脸**
> **擦鼻涕 / 梳头发 / 擦屁股 / 绑鞋带**

当你很小的时候，他们花了很多时间教你 ⑴ ＿＿＿＿，

用筷子吃东西。教你 ⑵ ＿＿＿＿，⑶ ＿＿＿＿，⑷ ＿＿＿＿。

教你 ⑸ ＿＿＿＿，教你 ⑹ ＿＿＿＿，教你 ⑺ ＿＿＿＿，

⑻ ＿＿＿＿，教你做人的道理。

당신이 어릴 때, 그들은 많은 시간을 들여 ⑴ 수저로 밥을 먹는 법을 가르쳐 주었고

⑵ 옷 입는 법, ⑶ 신발 끈을 매는 법, ⑷ 단추를 끼우는 법을 알려줬어요.

⑸ 세수하는 법, ⑹ 머리 빗는 법, ⑺ 코 닦는 법에 ⑻ 화장실 뒷처리 방법도 알려줬죠.

또 좋은 사람이 되는 법을 가르쳐주었어요.

> **走也 / 站不稳 / 地 / 一样 / 就像 / 紧紧**

如果有一天当他们站也 ⑼ ＿＿＿＿，⑽ ＿＿＿＿走不动的时候，

请你 ⑾ ＿＿＿＿握住他们的手，陪他们慢慢 ⑿ ＿＿＿＿走。

⒀ ＿＿＿＿。。。当年他们牵着你 ⒁ ＿＿＿＿。

만약 어느 날 그들이 ⑼ 서 있기 조차 힘들고 ⑽ 잘 걷지도 못하게 되면

그들의 손을 ⑾ 꼭 잡고 그들과 함께 ⑿ 천천히 걸어주세요.

⒀ 마치... 그때 그들이 당신의 손을 잡고 걸어주었던 ⒁ 것처럼.

■날짜　　　■오늘의 별점 ☆☆☆☆☆

녹음을 들으며 중국어를 써 보고, 스스로 테스트해보세요.　🔽 하루 10개!　🔊 21-01

뜻	병음	중국어	Test
완벽하다	wánměi	(1)	
듣고도 모르다	tīngbudǒng	(2)	
대단하다	lìhai	(3)	
멍해지다, 멍 때리다	fādāi	(4)	
짜다, 조성하다, 구성하다	zǔchéng	(5)	
형용하다, 묘사하다	xíngróng	(6)	
소란을 피우다	nào	(7)	
우습게 여기다	xiǎokàn	(8)	
두고보자	děngzheqiáo	(9)	
상대하지 않다	bùlǐ	(10)	

🔽 나머지 공부 : 틀린 단어로 예문 만들기!

녹음을 들으며 빈칸에 알맞은 단어를 넣고, 해석해보세요.　　　　🔊 21-02

⑴ 他真 ＿＿＿＿＿！学习好，运动好，长得帅，＿＿＿＿＿会这么完美。

　　 해석

＿＿＿＿＿＿＿＿＿＿＿＿＿＿＿＿＿＿＿＿＿＿＿＿＿＿＿＿＿＿

⑵ 一句话都 ＿＿＿＿＿＿＿，＿＿＿＿＿＿＿~

　　 해석

＿＿＿＿＿＿＿＿＿＿＿＿＿＿＿＿＿＿＿＿＿＿＿＿＿＿＿＿＿＿

⑶ 女人的 ＿＿＿＿＿＿真厉害，＿＿＿＿＿＿＿！

　　 해석

＿＿＿＿＿＿＿＿＿＿＿＿＿＿＿＿＿＿＿＿＿＿＿＿＿＿＿＿＿＿

⑷ 我很 ＿＿＿＿，但是我很 ＿＿＿＿！

　　 해석

＿＿＿＿＿＿＿＿＿＿＿＿＿＿＿＿＿＿＿＿＿＿＿＿＿＿＿＿＿＿

⑸ 你在 ＿＿＿＿什么 ＿＿＿＿？

　　 해석

＿＿＿＿＿＿＿＿＿＿＿＿＿＿＿＿＿＿＿＿＿＿＿＿＿＿＿＿＿＿

⑹ '＿＿＿＿＿'是什么意思？

　　 二呆组成就成为 ＿＿＿＿人比呆还呆的意思。

　　 해석

＿＿＿＿＿＿＿＿＿＿＿＿＿＿＿＿＿＿＿＿＿＿＿＿＿＿＿＿＿＿

이 문제가 어려우면 〈본교재 156p〉에 다녀오세요.

怎么의 용법   /   줄임말 정복하기

1 怎么는 여러 가지 뜻을 가지고 있습니다. 한국어 해석을 보고 중국어로 작문해보세요.

(1) 너 어떻게 왔니? ➡

(2) 넌 어째서 매일 지각이냐? ➡

(3) 넌 어쩜 이리 예뻐? ➡

(4) 너 오늘 왜 그래? 어떻게 된 일이야? ➡

(5) 내가 어떻게 이야기해도 안 들어. ➡

(6) 걔가 어떻게 오겠니? ➡

2 다음 단어는 무엇의 줄임말일까요? 괄호를 채우고 해석해보세요.

(1) 表 :

表说！我什么都不想听！＿＿＿＿＿＿＿＿＿＿＿＿＿＿

(2) 女票 :

我为什么没有女票？到底是为什么呢？＿＿＿＿＿＿＿＿＿＿＿＿＿

(3) 甭 :

甭客气，我们俩谁跟谁啊！＿＿＿＿＿＿＿＿＿＿＿＿＿＿

(4) 宣 :

傻瓜，我宣你。真的真的宣你。＿＿＿＿＿＿＿＿＿＿＿＿＿

(5) 造 :

你造吗？他是骗你的。＿＿＿＿＿＿＿＿＿＿＿＿＿＿

다음은 SNS 용어입니다. 활용하여 중국어로 작문해보세요.

> **萌** '갓 태어난 아기처럼 귀엽다'는 의미
>
> **爽** '유쾌, 상쾌, 통쾌한 상태'를 형용
>
> **表** '**不要**'를 줄여서 말함. ('~하지 마'의 의미) 禁! 하지 마!
>
> **切** 우리말 '쳇'과 유사하며 불편한 심기를 표현
>
> **哼** 우리말 '흥'과 유사하며 불편한 심기를 표현
>
> **闪** '끼어들지 않고 비켜준다'는 의미 & '번개처럼 속전속결'의 의미

(1)
귀염둥이 잠 자는 모습 좀 봐요, 귀여워 죽겠어요.

你看小可爱还睡觉的样子, ＿＿＿＿＿＿＿＿＿＿＿＿＿ 。

(2)
드디어 시험 끝! 완전 좋아!

今天终于考完试了！＿＿＿＿＿＿＿＿＿＿＿！

(3)
일해야 해! 소란 피우지 마!

要开工了！＿＿＿＿＿＿＿＿＿＿＿！

(4)
쳇! 날 얕봤다 이거지? 두고 봐!

＿＿＿＿＿＿＿＿＿＿＿！你小看我了吧?等着瞧！

(5)
흥, 아무도 상대 안 해주네.

＿＿＿＿＿＿＿＿＿＿＿！谁都不理我。

(6)
얘기들 나눠, 먼저 간다!

你们聊吧, ＿＿＿＿＿＿＿＿＿＿＿！

Step #1 듣고 외우기

■날짜   ■오늘의 별점 ☆☆☆☆☆

녹음을 들으며 중국어를 써 보고, 스스로 테스트해보세요. ⓥ 하루 10개!   🔊 22-01

뜻	병음	중국어	Test
치킨	zhájī	(1)	
계속하다, 지속하다, 연장하다	yánxù	(2)	
원래의 맛	yuánwèi	(3)	
맛을 내다, 간을 맞추다	tiáowèi	(4)	
무	luóbo	(5)	
~으로 나누다	fēnwéi	(6)	
단언하다	duànyán	(7)	
영혼	línghún	(8)	
용감하다	yǒnggǎn	(9)	
삶다, 끓이다	zhǔ	(10)	

ⓥ 나머지 공부 : 틀린 단어로 예문 만들기!

녹음을 들으며 빈칸에 알맞은 단어를 넣고, 해석해보세요.　　　　🔊 22-02

⑴ 今天要吃的炸鸡不要　　　　　明天。

　　해석

⑵ 吃炸鸡就像看到了　　　　　天堂。

　　해석

⑶ 可以　　　　　炸鸡是最完美的事物。

　　해석

⑷ 人生　　　　　遇见炸鸡前和遇见炸鸡后。

　　해석

⑸ 你可以　　　　　杀鸡的人，但不要　　　　　炸鸡的人。

　　해석

⑹ B和D之间有C，　　　　　Birth和Death之间有Chicken　　　　　。

　　해석

⑺ 双手　　　　　炸时，　　　　　是骨头的，　　　　　是纯肉的。

　　해석

결과보어 **到** / 동태조사 **着** (지속태)

1 결과보어 到는 여러 가지 뜻을 가지고 있습니다. 주어진 힌트를 참고하여 해석해보세요.

(1) 我终于看到IU了。 ____________________________ `목적 달성`

(2) 你买到EXO的演唱会票了吗？ __________________________ `목적 달성`

(3) 星期天我睡到9点了。 __________________________ `~ 까지`

(4) 我们公司搬到北京了。 __________________________ `~ 까지`

(5) 我找到手机了。 ________________________ `목적 달성`

(6) 我没找到。 ________________________ `목적 미달성`

2 동사 뒤에 着를 붙여 다양한 문장을 만들어보세요.

`동사` 开 / 等 / 看 / 坐 / 看 / 开   `부정` 没

(1) TV가 켜져 있네, 안에 누구 있어요? → 电视 __________ ，里面有人吗？

(2) 난 네가 여전히 그녀를 기다리고 있다는 걸 알아. → 我知道你还在 __________ 她。

(3) TV가 켜져 있지 않아, 안에 아무도 없어. → 电视 __________ ，里面没有人。

(4) 걔 나 좋아하나봐, 계속 날 보면서 웃어. → 她可能喜欢我，一直 __________ 我笑。

(5) 앉아서 얘기해 봐! → 你 __________ 说吧！

(6) 그는 널 보고 있어. → 他 __________ 你。

한국어 해석을 보며 빈칸에 알맞은 단어를 써넣으세요.

> 一半调味 / 如果…那… / 当…时… / 鸡翅
> 会 / 这才是问题 / 绝对不会 / 延续

(1) 人生是炸鸡的 ____________。

　인생은 치킨의 연속이다.

(2) 一半原味 ____________，多给些萝卜。

　반 반 무 많이.

(3) 原味还是调味，____________！

　후라이드냐 양념이냐, 그것이 문제로다!

(4) ____________ 炸鸡也有灵魂，____________ 必定是不怕热油的勇敢。

　치킨에도 영혼이 있다면 끓는 기름을 두려워하지 않는 강인함.

(5) ____________ 有没吃过炸鸡的人，可 ____________ 有只吃一次炸鸡的人。

　치킨을 단 한 번도 안 먹은 사람은 있어도 한 번만 먹은 사람은 없다.

(6) ____________ 谁想要你的鸡腿 ____________，不要让出你的 ____________。

　누가 너의 닭다리를 탐할 때 너의 닭날개는 내주지 마라.

녹음을 들으며 중국어를 써 보고, 스스로 테스트해보세요. ❤ 하루 10개!　　◀ 23-01

뜻	병음	중국어	Test
마주치다	yùdào	(1)	
진열하다	bǎifàng	(2)	
피스타치오	kāixīnguǒ	(3)	
직면하다	miànlín	(4)	
처지, 환경	chǔjìng	(5)	
볶음밥	chǎofàn	(6)	
만드는 방법	zuòfǎ	(7)	
한을 품다	hányuān	(8)	
엉망진창이다, 뒤죽박죽이다	luànqībāzāo	(9)	
선택하다	xuǎnzé	(10)	

❤ 나머지 공부 : 틀린 단어로 예문 만들기!

녹음을 들으며 빈칸에 알맞은 단어를 넣고, 해석해보세요.　🔊23-02

⑴ 明天两点见吧，　　　　　　　一言为定！

해석

⑵ 　　　　　　喜欢的女性，　二话不说！

해석

⑶ 三三两两　　　　　　的开心果。

해석

⑷ 　　　　　　四面楚歌。现在我的处境真是四面楚歌啊。

해석

⑸ 五花八门炒饭的　　　　　　。

해석

⑹ 女人　　　　　　，　六月飞霜。

해석

⑺ 你的房间　　　　　　乱七八糟啊？

해석

⑻ 刘备，关羽，张飞在桃园　　　　　　八拜之交。

해석

⑼ 　　　　　　努力，十有八九都会成功。

해석

⑽ 世上没有十全十美的　　　　　　。

해석

숫자를 활용한 축복인사입니다. 한자를 다시 한번 써 보고, 멋지게 번역도 해보세요.

(1) 一帆风顺　　一帆风顺　➡

(2) 二龙戏珠　　二龙戏珠　➡

(3) 三阳开泰　　三阳开泰　➡

(4) 四季平安　　四季平安　➡

(5) 五福临门　　五福临门　➡

(6) 六六大顺　　六六大顺　➡

(7) 七星高照　　七星高照　➡

(8) 八方进宝　　八方进宝　➡

(9) 九九归一　　九九归一　➡

(10) 十全十美　　十全十美　➡

(11) 百事顺心　　百事顺心　➡

(12) 千事吉祥　　千事吉祥　➡

(13) 万事如意　　万事如意　➡

1 병음을 보고 알맞은 사자성어와 뜻을 써 보세요.

(1) yìyánwéidìng ➡

(2) èrhuàbùshuō ➡

(3) sānsānliǎngliǎng ➡

(4) sìmiànchǔgē ➡

(5) wǔhuābāmén ➡

(6) liùyuèfēishuāng ➡

(7) luànqībāzāo ➡

(8) bābàizhījiāo ➡

(9) shíyǒubājiǔ ➡

(10) shíquánshíměi ➡

2 알맞은 숫자 유행어, 한자, 뜻을 연결해보세요.

(1) ⓐ 88 · · ① 拜拜喽 · · ㉠ Bye-Bye

(2) ⓑ 886 · · ② 呜呜 · · ㉡ ㅠ_ㅠ

(3) ⓒ 55 · · ③ 就是就是 · · ㉢ 끄덕끄덕

(4) ⓓ 520 · · ④ 谢谢 · · ㉣ 한 평생

(5) ⓔ 9494 · · ⑤ 一生一世 我爱你 · · ㉤ 영원히 사랑해

(6) ⓕ 7456 · · ⑥ 气死我了 · · ㉥ 감사하다

(7) ⓖ 1314 · · ⑦ 一生一世 · · ㉦ 성질 나 죽겠다

(8) ⓗ 1314520 · · ⑧ 我爱你 · · ㉧ 사랑한다

(9) ⓘ 3Q · · ⑨ 拜拜 · · ㉨ 잘가렴, 안뇽

Step #1 듣고 외우기

■날짜 　　■오늘의 별점 ☆☆☆☆☆

녹음을 들으며 중국어를 써 보고, 스스로 테스트해보세요.　🔽 하루 10개!　🔊 24-01

뜻	병음	중국어	Test
간식	língshí	(1)	
계속해나가다	jiānchí	(2)	
핑계, 변명	jièkǒu	(3)	
미련을 두다, 연연해하다	míliàn	(4)	
헤어지다	fēnshǒu	(5)	
기타	qítā	(6)	
억제하다, 억누르다, 자제하다	kèzhì	(7)	
의미하다	yìwèizhe	(8)	
대다수의	dàduōshù	(9)	
유감이다	yíhàn	(10)	

🔽 나머지 공부 : 틀린 단어로 예문 만들기!

녹음을 들으며 빈칸에 알맞은 단어를 넣고, 해석해보세요.　🔊 24-02

⑴ 不要再吃了！和火锅，巧克力，零食说再见吧！

减肥 　　　　　现在 　　　　　！

해석

⑵ 肉肉我不爱你了，你走吧！不要再 　　　　　我，我们分手吧！

해석

⑶ 单身并不 　　　　　　　　　你不懂爱，　　　　　　　　　原因是你太胖。

해석

⑷ 当你年老时回想起来，一辈子没有 　　　　　，多 　　　　　啊！

해석

⑸ 没有 　　　　　　　　的肥，只有不正确的方法。

해석

⑹ 不要只 　　　　　自己瘦了的样子！

해석

⑺ 我们都有一个梦想。其实是个很小的 　　　　　　　　　，

我们想，和 　　　　　　　　　的女孩子一样穿裙子，谈恋爱。

해석

이 문제가 어려우면 〈본교재 174p〉에 다녀오세요.

빈도부사 / ~ 起来의 용법

1 주어진 빈도부사를 활용해 작문해보세요.

总是   (1) ______________________________   넌 어째서 항상 지각이니?

通常   (2) ______________________________   전 대체로 지각을 하지만
　　　　　　　　　　　　　　　　　　　　　일부러 그러는 건 아니에요.

经常，常常   (3) ______________________________   그도 종종 늦어요.

偶尔，有时   (4) ______________________________   당신도 가끔 지각을 하나요?

很少   (5) ______________________________   제가 지각을 하는 일은 드물어요.

从不   (6) ______________________________   전 지각을 한 적이 없어요.

❗ **迟到** 지각하다 ｜ **故意** 일부러

2 다음은 起来의 다양한 용법입니다. 한국어 해석을 보고 중국어로 작문해보세요.

> ⓐ 해보니　　ⓑ 모으다　　ⓒ 시작하다

ⓐ 해보니   보기에는 예쁜데 입으니까 불편해. → (1) __________ 好看，

　　　　　　　　　　　　　　　　　(2) __________ 不舒服。

말하기는 쉽지만 하기는 어렵다. → (3) __________ 容易，(4) __________ 难。

ⓑ 모으다   우리는 단결해야 합니다. → 我们要 (5) ______________ ！

의견을 모두 모아봤습니다. → 意见都 (6) ______________ 了。

ⓑ 시작하다   둘이 갑자기 싸우기 시작했다. → 他们俩突然 (7) ______________ 了。

그녀는 기뻐서 노래를 부르기 시작했다. → 她高兴得 (8) ______________ 了。

주어진 단어를 활용해 중국어로 작문해보세요.

(1) 다이어트는 내일부터! (从 ~ 开始)

➡

(2) 나보고 살 뺄 필요 없다고 하는 사람은 다 나쁜 사람! (不用 / 坏人)

➡

(3) 아무리 힘들어도 꼭 뺀다! 변명은 없다! (再 ~ 也 / 借口)

➡

(4) 예뻐지는 데엔 언제나 대가가 따른다. (总是 / 付出)

➡

(5) 다이어트에 실패는 없다. 포기만 있을 뿐. (只有)

➡

(6) 체중도 컨트롤 못하면서 인생을 어떻게 컨트롤 한단 말인가? (连~都 / 控制 / 不了 / 怎么)

➡

(7) 난 빼기 싫은게 아니고 다만 요요가 두려울 뿐이다. (不是不想 / 只是 ~ 而已 / 反弹)

➡

(8) 반드시 빼야 한다. 참지 못하면 평생 다른 사람만 부러워하면서 살아야 한다!
(必须 / 再不/ 克制 / 一辈子)

➡

Step #1 듣고 외우기

■날짜   ■오늘의 별점 ☆☆☆☆☆

녹음을 들으며 중국어를 써 보고, 스스로 테스트해보세요. ❷ 하루 10개!   🔊 25-01

뜻	병음	중국어	Test
운명으로 정해져 있다	zhùdìng	(1)	
작용, 영향, 효과	zuòyòng	(2)	
부각시키다, 돋보이게 하다	chèntuō	(3)	
우수하다	yōuxiù	(4)	
변소, 뒷간	cèsuǒ	(5)	
게으른	lǎn	(6)	
대소변	shǐniào	(7)	
허락하지 않다	bùxǔ	(8)	
책장을 넘기다	fānshū	(9)	
학부모	jiāzhǎng	(10)	

❷ 나머지 공부 : 틀린 단어로 예문 만들기!

녹음을 들으며 빈칸에 알맞은 단어를 넣고, 해석해보세요.　　　🔊 25-02

(1) 要做 ＿＿＿＿＿＿＿＿＿ ，不做 ＿＿＿＿＿＿＿＿＿ ！

　　　해석

　　───

(2) 我要 ＿＿＿＿＿ 学霸！

　　　해석

　　───

(3) 我 ＿＿＿＿＿ 知道了学渣作用，那就是 ＿＿＿＿＿＿＿ 学霸的优秀。

　　　해석

　　───

(4) 高否？富否？帅否？否！＿＿＿＿＿＿＿ 去学习！

　　　해석

　　───

(5) 学霸和学渣的 ＿＿＿＿＿＿＿＿ 就是两者写作业时都不翻书。

　　　해석

　　───

(6) 在世上有三个 ＿＿＿＿＿＿ 。

　　　第一个是老师口中的"我的上一 ＿＿＿＿＿ 学生"

　　　第二个是 ＿＿＿＿＿＿ 口中的"别人家的孩子"

　　　第三个就是 ＿＿＿＿＿＿ 口中的："自己家的孩子"

　　　해석

　　───

就의 용법 / 유행어 따라잡기

1 주어진 就의 뜻을 보며 해석해보세요.

| 곧, 바로 | 我马上就给你看我的女朋友。 | ➡ (1) _____________ |

| | 你等等，她马上就到。 | ➡ (2) _____________ |

| Just 강조 | 你看！她就是我的女朋友！ | ➡ (3) _____________ |

| | 我们就在夜店认识的。 | ➡ (4) _____________ |

| 의지 | 不分，不分，就不分！ | ➡ (5) _____________ |

| | 今年我就要交上女朋友! | ➡ (6) _____________ |

| 벌써 | 我们三天前就分手了。 | ➡ (7) _____________ |

| | 她27岁就结婚了。 | ➡ (8) _____________ |

2 다음은 学霸, 学渣를 뛰어넘는 센스 만점 실용어입니다. 알맞은 병음, 한자, 뜻을 연결해보세요.

(1) ⓐ bàijīnnǚ ·	· ① 三不女 ·	· ㉠ 엄친아
(2) ⓑ sānbùnǚ ·	· ② 素颜美女 ·	· ㉡ 개념녀
(3) ⓒ gāofùshuài ·	· ③ 拜金女 ·	· ㉢ 루저
(4) ⓓ diǎosī ·	· ④ 穷二代 ·	· ㉣ 쌩얼미녀
(5) ⓔ kàohuàzhuāng ·	· ⑤ 高富帅 ·	· ㉤ 금수저
(6) ⓕ sùyánměinǚ ·	· ⑥ 屌丝 ·	· ㉥ 화장발
(7) ⓖ fù'èrdài ·	· ⑦ 富二代 ·	· ㉦ 흙수저
(8) ⓗ qióngèrdài ·	· ⑧ 靠化妆 ·	· ㉧ 된장녀

주어진 단어를 활용해 중국어로 작문해보세요.

당신은 공신인가 깡통인가?　(1) _______________________ (还是)

공신이 되고 싶다면 열심히 할 것!　(2) _______________________ (当 / 好好)

시험이 끝난 후 考完后　/　공신과 꼴통 学霸和学渣

공신学霸　넌 몇 문제 틀렸냐?　(3) _______________________ (错)

깡통学渣　넌 몇 문제 맞았냐?　(4) _______________________ (对)

수업 중 上课中　/　공신과 꼴통 学霸和学渣

공신学霸　쌤, 저 화장실 가고 싶어요.

(5) _______________________ (上厕所)

선생님老师　어디가 불편하구나,

(6) _______________________ (是不是)

얼른 다녀오렴 ~ 快去 !

깡통学渣　쌤, 저 화장실 가고 싶어요.

(7) _______________________ (上厕所)

선생님老师　뱃 속에 똥만 찼냐? 참아!

懒驴懒马屎尿多，不许去 !

우리 헤어져!

■ 날짜　　　　■오늘의 별점 ☆☆☆☆☆

녹음을 들으며 중국어를 써 보고, 스스로 테스트해보세요.　하루 10개!　26-01

뜻	병음	중국어	Test
어울리다	shìhé	(1)	
탓하다	guài	(2)	
상심하다, 슬퍼하다	shāngxīn	(3)	
적어도, 최소한	zhìshǎo	(4)	
~할 수 밖에 없다	zhǐnéng	(5)	
식다, 차갑다	liáng	(6)	
이어지다, 계속하다, 지속하다	xù	(7)	
묵묵히, 말없이, 소리 없이	mòmò	(8)	
축복하다	zhùfú	(9)	
여정	lǚtú	(10)	

　나머지 공부 : 틀린 단어로 예문 만들기!

녹음을 들으며 빈칸에 알맞은 단어를 넣고, 해석해보세요.　　　　　　　　◀ 26-02

⑴ 我不爱你了。 我们 ＿＿＿＿＿＿ 吧。

　　해석

⑵ 为什么你 ＿＿＿＿＿ 说再见？

　　해석

⑶ 分手 ＿＿＿＿＿ 还爱你。

　　해석

⑷ 分手后我们 ＿＿＿＿＿ 是朋友。

　　해석

⑸ 再见， ＿＿＿＿＿ 。 再见， 我的爱。

　　해석

⑹ 我们都没错，只是不 ＿＿＿＿＿ 。

　　해석

⑺ 所有的分手都是 ＿＿＿＿＿ 的。

　　해석

⑻ ＿＿＿＿＿ 你可以分手，我 ＿＿＿＿＿ 看着别人分手。

　　해석

동사의 중첩 / **原来** vs **本来**

1 다음 보기에서 알맞은 단어를 고르세요.

> **보기**   尝尝   看看   坐坐   听听   休息休息   看看

(1) 我们进房间 ＿＿＿＿＿，吃点拉面再走吧。

우리 방에서 잠깐 라면 한 그릇 먹고 가자.

(2) 哥~我穿了裙子，你 ＿＿＿＿＿！

오빠 나 치마 입었어. 나 봐줘!

(3) 我也很喜欢羊肉串，我来 ＿＿＿＿＿。

저도 양꼬치 참 좋아하는데요, 제가 한 번 먹어보겠습니다.

(4) 你可以 ＿＿＿＿＿ 书， ＿＿＿＿＿ 音乐， ＿＿＿＿＿＿＿＿。

넌 책도 보고 음악도 듣고 쉬어도 돼.

2 괄호 안에 **原来**와 **本来** 중 알맞은 단어를 넣어보세요. (중복 가능)

(1) 我 ＿＿＿＿＿ 不这么胖。 난 원래 이렇게 뚱뚱하진 않았어.

(2) 她 ＿＿＿＿＿ 很漂亮的。不是整容的。 쟤는 원래 예뻤어. 성형한 게 아니야.

(3) 当天的作业 ＿＿＿＿＿ 就要当天做完。 그날 숙제는 원래 그날 다 해야 되는 거야!

(4) 这种事情我很熟悉， ＿＿＿＿＿ 就要这样做的！

이런 일은 내가 잘 알아, 원래 이렇게 해야 되는 거야!

(5) ＿＿＿＿＿ 不是他的错，是我误会的。 원래 그의 잘못이 아니었는데, 내가 오해했다.

(6) ＿＿＿＿＿ 你也是老师，我以为你是个学生。

원래 당신도 선생님이었군요, 전 학생인 줄 알았어요.

1 주어진 단어를 활용해 중국어로 작문해보세요.

(1) 이별은 당신 탓이 아니에요. (分手 / 错)

➡

(2) 미안해, 사실 넌 좋은 사람이야. (其实 / 好人)

➡

(3) 잘가라. 널 정말 사랑했으니 후회는 없다. (一点 / 遗憾)

➡

(4) 넌 날 이해하지 못했지만, 난 널 탓하지 않아. (懂 / 怪)

➡

2 다음은 중화권 스타 '舒淇서기'의 SNS에서 발췌한 글귀입니다. 멋지게 번역해보세요.

> 茶凉了，就别再续了，再续，也不是原来的味道了
>
> 人走了，就别再留了，再留下，也不是原来的感觉了
>
> 情没了，就别回味了，再回味，也不是原来的心情了。
>
> 拥有时好好珍惜，离开了默默祝福。
>
> 人生的旅途，没有人是应该要陪你走到最后的。

❗ 凉 식다 | 续 계속하다 | 味道 맛 | 留 머무르게 하다 | 回味 돌이켜보다 | 珍惜 아끼다 | 默默 묵묵히

그대들도 외롭나요?

녹음을 들으며 중국어를 써 보고, 스스로 테스트해보세요.　♥ 하루 10개!　　　◀ 27-01

뜻	병음	중국어	Test
외롭다, 고독하다	gūdān	(1)	
계통, 시스템	xìtǒng	(2)	
알려주다, 제시하다	tíshì	(3)	
받다, 감수하다, 느끼다	gǎnshòu	(4)	
최고도, 극도	jídù	(5)	
오히려	què	(6)	
쓸쓸하다, 적막하다	jìmò	(7)	
~할 필요가 없다	hébì	(8)	
소홀히 하다	hūlüè	(9)	
동반하다	péi	(10)	

♥ **나머지 공부** : 틀린 단어로 예문 만들기!

녹음을 들으며 빈칸에 알맞은 단어를 넣고, 해석해보세요.　　　　　🔊 **27-02**

⑴ 我 　　　　　　　太孤单了。

　　해석
　　

⑵ 生日那天，只有QQ 　　　　提示祝我生日快乐。

　　해석
　　

⑶ 孤单的人，总说 　　　　　　　　。

　　해석
　　

⑷ 懂得太多，看得太 　　　　，你就会 　　　　　世界的孤儿。

　　해석
　　

⑸ 　　　　的人不需要爱情，只需要 　　　　。

　　해석
　　

⑹ 懂我的人，不需要 　　　　。不懂我的人，又何必 　　　　。寂寞！

　　해석
　　

⑺ 一个人走 　　　　的路，一个人玩手机，一个人玩，

　　一个人听着音乐发呆，慢慢地 　　　　了。

　　해석
　　

♥ 이 문제가 어려우면 〈본교재 192p〉에 다녀오세요.

一点儿의 용법   /   又의 용법

1 一点儿은 각각 ⓐ ～ ⓒ의 뜻을 갖고 있습니다. 각 문장에서 쓰인 의미를 찾고, 한국어로 옮겨 보세요.

> ⓐ 완곡한 명령   ⓑ 적은 양   ⓒ 극히 적은 양을 강조

(1) 今天一点儿也不高兴。　　　（　　）➡

(2) 饭桌上有 (一) 点儿水。　　　（　　）➡

(3) 亲爱的，你慢 (一) 点儿！　　（　　）➡

(4) 老师来了，大家安静 (一) 点儿！（　　）➡

(5) 妈妈，给一点儿钱。　　　　　（　　）➡

(6) 她一点儿也不爱我。　　　　　（　　）➡

2 又는 각각 ⓐ ～ ⓒ의 뜻을 갖고 있습니다. 각 문장에서 쓰인 의미를 찾고, 한국어로 옮겨보세요.

> ⓐ 또, 다시   ⓑ 동작이 여러 차례 반복됨   ⓒ 감탄문·반어문의 강조

(1) 你又喝酒了！　　　　　　　（　　）➡

(2) 你又不是新人，　　　　　　（　　）➡
　　 怎么那么傻里傻气啊！

(3) 看了又看，吃了又吃。　　　（　　）➡

(4) 我又没叫他，他怎么来的呢？（　　）➡

(5) 他怎么又上厕所了？　　　　（　　）➡

(6) 喝了一杯又一杯。　　　　　（　　）➡

주어진 단어를 활용해 중국어로 옮겨보세요. 그리고 큰소리로 읽어보세요.

(1) 하나도 안 외로워! (一点儿)

➡

(2) 나이가 들수록 외로운 걸. (越 … 越 …)

➡

(3) 오늘 밤은 외롭지 않아요. 로맨틱한 순간 숨 막히는 심장박동을 느껴보세요.
(瞬间 / 极度心跳)

➡

(4) 외로움은 두렵지 않다. 난 줄곧 혼자였으니까. (不怕 / 因为)

➡

(5) 친구가 당신에게 소홀할 때에도 서운해 말아요. (当 … 时…)

➡

모두에겐 각자의 삶이 있기에 누구도 언제나 당신 옆에만 머무를 수는 없어요.
(每个人 / 不可能 / 陪)

➡

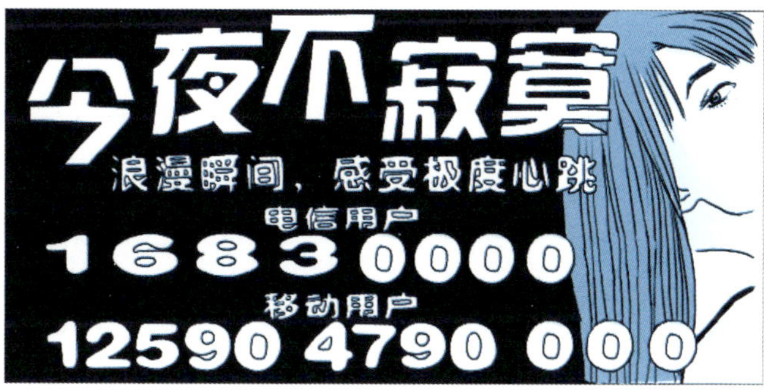

    ■날짜   ■오늘의 별점 ☆☆☆☆☆

녹음을 들으며 중국어를 써 보고, 스스로 테스트해보세요. ✔ 하루 10개!   🔊 28-01

뜻	병음	중국어	Test
낯익다	yǎnshú	(1)	
손금	shǒuxiàng	(2)	
피곤하다	píbèi	(3)	
따뜻하다	wēnróu	(4)	
꿈	mèngxiǎng	(5)	
태클을 걸다	chàng fǎndiào	(6)	
흠을 잡다	tiāo máobìng	(7)	
어리광	háiziqì	(8)	
썸을 타다	gǎo àimèi	(9)	
더 큰 것을 잡기 위해 일부러 놓아주다 (밀당하다)	yùqíngùzòng	(10)	

✔ 나머지 공부 : 틀린 단어로 예문 만들기!

녹음을 들으며 빈칸에 알맞은 단어를 넣고, 해석해보세요.　　28-02

(1) 要不要帮你看一下 　　　　 ？

　　해석

---

(2) 我的 　　　　 都是你，所以我的世界很小。

　　해석

---

(3) 如果爱你是 　　　　 ，我不愿 　　　　 ！

　　해석

---

(4) 我不能给你全世界，但我的世界， 　　　　 给你。

　　해석

---

(5) 我 　　　　 想爱你两天，有你的 　　　　 ，没你的 　　　　 。

　　해석

---

(6) 你是我 　　　　 生活中最温柔的梦想。

　　해석

---

(7) 你的 　　　　 比城墙还 　　　　 呢！

　　해석

---

(8) 你故意 　　　　 吗？不要跟我 　　　　 欲擒故纵！

　　해석

刚才 vs 刚

1 문장을 읽고 맞으면 O, 틀리면 X표시하세요.

(1) 我刚才来的时候，什么都不懂。　　　(　　)

(2) 我也刚来了，不要说对不起。　　　(　　)

(3) 我怎么刚不走呢。　　　(　　)

2 다음 문장을 중국어로 작문해보세요.

(1) 방금 너 뭐라고 했어?　　　➡

(2) 방금 쟤 진짜 예쁘다.　　　➡

(3) 그녀가 막 떠났어. 얼른 가봐.　　　➡

(4) 내가 막 왔을 때 아무것도 몰랐다.　　　➡

❗ 刚刚 ① 刚을 중복해서 사용 가능(막) ② 지금 막, 방금, ~하자마자 곧 ③ 딱 맞게, 적당히

因为天气好，날이 좋아서

因为天气不好，날이 좋지 않아서

因为天气刚刚好，날이 적당해서

每一天都很美好。모든 날이 좋았다.

和你在一起的时光全部都耀眼。

너와 함께한 모든 시간이 눈부셨다.

한국어 해석을 보며 괄호 안에 알맞은 단어를 써넣으세요.

看上去 / 收回 / 碰 / 挑毛病 / 管 / 唱反调 / 孩子气

(1) 你 　　　　　　　　　 好眼熟啊。

우리 어디서 본 적 있지 않아요? (낯이 익어요)

(2) 你怎么老 　　　　　　　 ！

왜 자꾸 태클을 거는 거야!

(3) 不要 　　　　　　　　　, 今天别 　　　　　　 我。

꼬투리 잡지 마, 오늘 나 건들지 마!

(4) 别 　　　　　　 我，你管好自己！

신경 *끄고*, 너나 잘해!

(5) 别 　　　　　　 ！

애처럼 굴지 마!

(6) 你 　　　　　　 刚才的话 ！

너 방금 그 말 취소해!

Step #1 듣고 외우기

■ 날짜 　　　■ 오늘의 별점 ☆☆☆☆☆

녹음을 들으며 중국어를 써 보고, 스스로 테스트해보세요. 　🔽 하루 10개! 　🔊 29-01

뜻	병음	중국어	Test
채팅방	liáotiānshì	(1)	
차다, 발길질하다	tī	(2)	
완전히, 전적으로, 아주	wánquán	(3)	
오락	yúlè	(4)	
프로그램	jiémù	(5)	
빈도(수)	pínlǜ	(6)	
뱃속, 내심	dùli	(7)	
인터넷 자키	zhǔbō	(8)	
유형, 스타일	lèixíng	(9)	
후회하다	hòuhuǐ	(10)	

🔽 **나머지 공부** : 틀린 단어로 예문 만들기!

다음 유행어는 무슨 뜻일까요? 유행어의 의미를 쓰고 문장을 해석해보세요.　🔊 29-02

(1) 真的：＿＿＿＿＿＿＿＿＿＿

这件衣服真的是给我的吗？＿＿＿＿＿＿＿＿＿＿＿＿＿＿＿＿

(2) 多余：＿＿＿＿＿＿＿＿＿＿

可以用电脑，干吗用手做呢？ 真的多余啊！＿＿＿＿＿＿＿＿＿＿＿

(3) 胡说：＿＿＿＿＿＿＿＿＿＿

昨天在聊天室，因为胡说就被踢了。＿＿＿＿＿＿＿＿＿＿＿＿＿

(4) 直肠子：＿＿＿＿＿＿＿＿＿＿

她是个直肠子，肚里不存话。＿＿＿＿＿＿＿＿＿＿＿＿＿

(5) 越看越魅力：＿＿＿＿＿＿＿＿＿＿

这位女主播是越看越魅力的类型。＿＿＿＿＿＿＿＿＿＿＿

(6) ～到爆：＿＿＿＿＿＿＿＿＿＿

不看就后悔，帅到爆！＿＿＿＿＿＿＿＿＿＿＿＿＿

(7) 超有意思：＿＿＿＿＿＿＿＿＿＿

这本书超有意思。＿＿＿＿＿＿＿＿＿＿＿＿＿

(8) 伐木累：＿＿＿＿＿＿＿＿＿＿

We are 伐木累。＿＿＿＿＿＿＿＿＿＿＿＿＿

이 퍼즐을 다 맞춘다면 당신은 중국어 단어 박사!

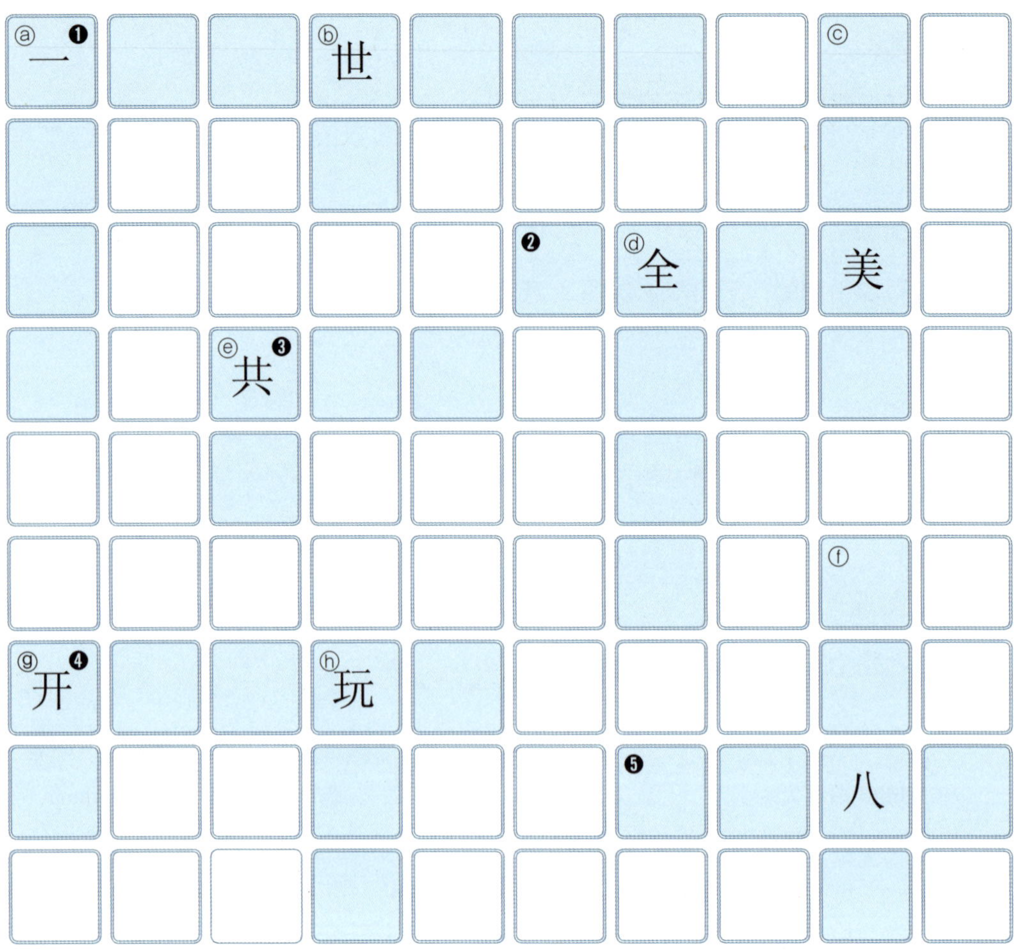

가로열쇠

❶ 1314520 영원히 사랑해

❷ 모든 방면에 완전무결하여 나무랄 데가 없다

❸ 공통점

❹ 무슨 농담을 하는 거야!

❺ 각양각색, 형형색색을 뜻하는 사자성어

세로열쇠

ⓐ 순풍에 돛을 올리다, 일이 순조롭게 진행되다

ⓑ 세상, 세계

ⓒ 쌩얼 미녀

ⓓ 전력투구하다, 최선을 다하다

ⓔ 함께 누리다

ⓕ 엉망진창이다, 뒤죽박죽이다, 아수라장이다

ⓖ 일을 시작하다

ⓗ 휴대폰을 하다

괄호 안에 알맞은 문장을 써넣으세요.　　　　　　　　　　　　　　　　　　　　▼ 〈본교재 198p〉를 참고하세요.

他向她求婚时，只说了三个字 ： (1) "　　　　　　　　　　。"

她为他生下第一个女儿时，他对她说 ： (2) "　　　　　　　　　。"

女儿结婚的那天，他看着她说 ： (3) "　　　　　　　…"

他收到她病危通知那天，重复地说 ： (4) "　　　　　　　…"

她要走的时候，他吻着她的额头轻声说 ： (5) "　　　　　　　。"

这一生，他没有说过一次 (6)　　　　　　　　　，

但爱，(7) 没有离开过。

그의 프로포즈는 단 세 글자였다. (1) "날 믿어."

그녀가 그를 위해 첫 딸을 낳았을때, 그는 그저 이렇게 말했다. (2) "수고했어."

딸이 결혼을 하던 날, 그는 그녀를 보며 말했다. (3) "내가 있잖아…"

그녀의 병이 위독하다는 것을 알았을 때, 그는 반복하여 말했다. (4) "나 여기 있어…"

그녀의 죽음 앞에서 그는 그녀의 이마에 입 맞추고 속삭였다. (5) "기다려줘."

일생 동안 그는 그녀에게 단 한 번도 (6) "사랑해."라고 말하지는 않았지만,

그러나 사랑은, (7) 　　　　　　　　　.

Step #1 듣고 외우기

■날짜   ■오늘의 별점 ☆ ☆ ☆ ☆ ☆

녹음을 들으며 중국어를 써 보고, 스스로 테스트해보세요.   ❤ 하루 10개!   🔊 30-01

뜻	병음	중국어	Test
새	niǎo	(1)	
병에 걸리다	débìng	(2)	
피하다	bìmiǎn	(3)	
감사의 뜻	xièyì	(4)	
원수, 적	yuānjia	(5)	
수확, 성과	shōuhuò	(6)	
진실하다	zhēnchéng	(7)	
미덕	měidé	(8)	
좁다, 협소하다	zhǎi	(9)	
티끌 모아 태산	jīshǎochéngduō	(10)	

❤ **나머지 공부** : 틀린 단어로 예문 만들기!

우리의 마음을 울리는 명언과 그것을 패러디한 박명수 어록입니다. 두 문장의 차이를 비교하면서 해석해보세요.

🔊 30-02

진짜 명언 ▼	박명수 어록 ▼

(1) 好的开始是成功的一半。

해석 __________

(2) 开始不是成功的一半，
开始只是开始。

해석 __________

(3) 早起的鸟有虫吃。

해석 __________

(4) 早起的鸟先累死。

해석 __________

(5) 辛苦后的收获更有味道。(苦尽甘来)

해석 __________

(6) 辛苦后得病。

해석 __________

(7) 如果不能避免，那就享受吧。

해석 __________

(8) 如果不能享受，那就避免吧。

해석 __________

(9) 忍耐是一种美德。

해석 __________

(10) 忍住三次，被当成傻瓜。

해석 __________

(11) 冤家路窄。

해석 __________

(12) 冤家在公司碰到。

해석 __________

1 다음은 교재에 수록된 중국어 어록입니다. 해석을 보고 빈칸을 채워보세요.

(1) 预测 ⬚⬚⬚⬚ 的最好的办法就是把它 ⬚⬚⬚⬚ 出来。

미래를 예측하는 가장 좋은 방법은 스스로 그 미래를 만드는 것이다.

(2) 人生没有什么 ⬚⬚⬚⬚ , 只有 ⬚⬚⬚⬚ 。

인생에 건너지 못할 길은 없다. 다만 돌아갈 수 없을 뿐.

(3) 这个世界没有 ⬚⬚⬚⬚ 的事，只有 ⬚⬚⬚⬚ 的人。

이 세상에 해낼 수 없는 일은 없다. 포기하는 자가 있을 뿐.

(4) ⬚⬚⬚⬚ 的不是所站在的 ⬚⬚⬚⬚ ，而是所朝的 ⬚⬚⬚⬚ 。

중요한 것은 어디에 서 있느냐가 아니라 어디를 보고 있느냐이다.

(5) 不是看到了 ⬚⬚⬚⬚ 才去坚持，而是因为 ⬚⬚⬚⬚ 了才会看到希望。

희망을 보았기에 꾸준히 하는 것이 아니라 꾸준히 했기에 희망과 만나게 되는 것.

(6) 没有 ⬚⬚⬚⬚ 的明天。

어떻게든 내일은 온다.

2 앞에서 배운 중국어 명언을 따라 쓰면서 마음 속에 깊이 새겨보세요.

(1) 预测未来的最好的办法就是把它创造出来。

미래를 예측하는 가장 좋은 방법은 스스로 그 미래를 만드는 것이다.

预测未来的最好的办法就是把它创造出来。

(2) 人生没有什么过不去，只有回不去。

인생에 건너지 못할 길은 없다. 다만 돌아갈 수 없을 뿐.

人生没有什么过不去，只有回不去。

(3) 这个世界没有做不到的事，只有坚持不了的人。

이 세상에 해낼 수 없는 일은 없다. 포기하는 자가 있을 뿐.

这个世界没有做不到的事，只有坚持不了的人。

(4) 重要的不是所站在的位置，而是所朝的方向。

중요한 것은 어디에 서 있느냐가 아니라 어디를 보고 있느냐이다.

重要的不是所站在的位置，而是所朝的方向。

(5) 不是看到了希望才去坚持，而是因为坚持了才会看到希望。

희망을 보았기에 꾸준히 하는 것이 아니라 꾸준히 했기에 희망과 만나게 되는 것.

不是看到了希望才去坚持，而是因为坚持了才会看到希望。

(6) 没有到不了的明天。

어떻게든 내일은 온다.

没有到不了的明天。

답안지

01 직장인의 비애

Step #1 듣고 외우기

(1) 周末　　(2) 记者　　(3) 上班族
(4) 采访　　(5) 觉得　　(6) 起床
(7) 痛苦　　(8) 放松　　(9) 崩溃　　(10) 同命相连

Step #2 듣고 쓰기

(1) 星期一综合症 / 월요일이 와 버렸어. 월요병…
(2) 还 / 화요일, 주말은 언제 오는가.
(3) 前不着村, 后不着店 / 수요일은 정말 빼도박도
　　　　　　　　　　 못하는구나. 진짜 멘붕!
(4) 再 / 목요일, 참자… 하루 남았어.
(5) 放松 / 금요일, 데헷. 마지막 하루다! 오늘 밤은 달려도 된다고!
(6) 周末 / 토요일, Yeah! 주말이 왔다!
(7) 恶心 / 일요일, 극혐 월요일이 또 오려고 해.

화요일	수요일	목요일	금요일	토요일	일요일
星期二		星期四	星期五		星期天
礼拜二	礼拜三		礼拜五		礼拜天
	周三	周四		周六	
求死 day		受死 day	福来 day		

Step #3 어법 포인트

❶ (1) (X) / 你比我胖多了
　 (2) (X) / 明天就要回国了
❷ (1) 你比我胖
　 (2) 你比我更胖
　 (3) 你比我胖一点儿
　 (4) 你比我胖多了
　 (5) 你比我胖3公斤
　 (6) 我不比你胖
　 (7) 我没有你胖
❸ (1) 他们要结婚了
　 (2) 她要毕业了

Step #4 작문 끝장내기

(1) 比上班更痛苦的吗
(2) 比天天上班更痛苦一些的吗
(3) 比加班更痛苦的就是天天加班

02 솔로라도 괜찮아!

Step #1 듣고 외우기

(1) 谈恋爱　　(2) 因为　　(3) 不让
(4) 活该　　(5) 单身　　(6) 光棍节
(7) 属于　　(8) 伤害　　(9) 然后　　(10) 考虑

Step #2 듣고 쓰기

(1) 活该 / 솔로라니 꼴 좋다!
(2) 光棍节 / 솔로 만세… 솔로의 날 축하…
(3) 希望, 不再 / 내년 오늘에는 혼자서 밥 먹지 않게 해주세요.
(4) 拿, 当 / 승려를 솔로로 취급하지 마!
(5) 出现, 出现 / 좋아하는 개는 나타나지 않고, 나타난 개는 싫고.
(6) 秀恩爱, 伤害 / 솔로 개도 개예요! 염장질도 학대 행위에 포함
　　　　　　 됩니다. 저를 사랑하지 않아도 좋으니 상처 주
　　　　　　 지 마세요!
(7) 像, 考虑 / 모두가 나 같은 사람은 솔로일 리 없다고 한다.
　　　　　　 그리고는 나를 고려하지는 않는다.

Step #3 어법 포인트

❶ (1) (X) / 妈妈不让我去中国
　 (2) (O)
❷ (1) 金部长让我喝酒
　 (2) 她让我早点儿回家
　 (3) 让我进去吧
　 (4) 她不让我休息
　 (5) 妈妈不让我玩儿游戏
　 (6) 老婆不让(我)抽烟
❸ (1) 他拿我当朋友
　 (2) 别拿我的感情当游戏
　 (3) 你拿我当什么
　 (4) 你拿我当你的男朋友吗

Step #4 작문 끝장내기

(1) 你为什么没有男票
(2) 因为我家里不让我谈恋爱。那, 你为什么没有女票
(3) 我是单身狗
(4) 她拿我当成备胎

Step #1 듣고 외우기

(1) 如果　　(2) 只有　　(3) 做主
(4) 也许　　(5) 发觉　　(6) 艰难
(7) 抱怨　　(8) 微笑　　(9) 坚持　　(10) 不必

Step #2 듣고 쓰기

(1) 如果 / 인생에 만약은 없다. 오직 결과만이 있을 뿐.

(2) 彩排, 直播 / 인생에 리허설은 없다. 매일이 생방송이다.

(3) 做主 / 내 인생의 주인공은 내!

(4) 一本书, 写 / 인생은 한 권의 책이다. 우리는 모두 그 책을 쓰고 있는 중이다.

(5) 扑通扑通 / 두근두근 내 인생.

(6) 也许, 收获 / 어느 날 당신의 일상이 너무 힘들다고 느껴진다면, 그건 아마도 이번에 얻을 수확이 엄청 크기 때문일 거예요.

(7) 赢家, 尽力 / 인생 위너 vs 인생 루저. 루저들은 언제나 자신이 최선을 다했다고 징징댄다.

Step #3 어법 포인트

❶ (1) 只有
　　(2) 只要, 就
　　(3) 只是
　　(4) 只能
　　(5) 只不过
❷ (1) 嗡嗡
　　(2) 扑通扑通
　　(3) 咕噜
　　(4) 咔嚓
　　(5) 阿嚏
　　(6) 叽叽喳喳

Step #4 작문 끝장내기

❶ (1) 多　　(2) 多　　(3) 勤　　(4) 快　　(5) 活
　　(6) 高　　(7) 轻　　(8) 少　　(9) 小　　(10) 大
❷ (1) 当你知道珍惜时已经太晚
　　(2) 这就是人生
　　(3) 人生就像一次旅行

Step #1 듣고 외우기

(1) 老板　　(2) 辞职　　(3) 养
(4) 周围　　(5) 设计师　　(6) 修改
(7) 批准　　(8) 倒闭　　(9) 跟不上　　(10) 雾霾

Step #2 듣고 쓰기

(1) 辞职 / 여보, 나 그만두고 싶어. 그래도 돼?

(2) 养 / 때려치워! 내가 먹여 살릴게!

(3) 去看看 / 세상이 그렇게 넓다는데, 제가 한 번 가보려구요.

(4) 走不了 / 지갑이 홀쭉하여 그 누구도 못 가는구나.

(5) 离职 / 퇴사 이유 : 나는 꿈에서처럼 고향에 가서 돼지나 키울 겁니다. 허락해주시죠.

Step #3 어법 포인트

❶ (1) 像明星一样漂亮
　　(2) 像我一样爱她
　　(3) 他像富二代一样有钱。
　　(4) 你的女儿像你一样聪明吗
　　(5) 你的女儿像你(一样)那么漂亮吗
　　(6) 不像你说的那么容易
❷ (1) 受得了
　　(2) 吃得了 / 受得了
　　(3) 吃不了
　　(4) 穿不了
　　(5) 忘不了

Step #4 작문 끝장내기

❶ (1) 老子不干了
　　(2) 老板, 我要辞职
　　(3) 老板, 你和秘书出差的事老板娘知道吗
　　(4) 雾霾太大, 我找不到去公司的路
　　(5) 我是狮子座, 老板是摩羯座, 我们天生相克
❷ (1) 为了公司的利益, 我主动申请去对面公司卧底
　　(2) 老板, 我柔弱的身躯跟不上你伟大的梦想

05 우린 못생겨서 열심히 살아야 해요!

Step #1 듣고 외우기

(1) 努力　　(2) 成功　　(3) 穷
(4) 明明　　(5) 少壮　　(6) 看起来
(7) 后悔　　(8) 荒废　　(9) 拼命　　(10) 感激

Step #2 듣고 쓰기

(1) 不努力 / 노력하지 않으면 성공은 없다.
(2) 穷, 因为 / 그들의 가난은 그들이 노력하지 않아서가 아니다.
(3) 看起来 / 너는 보기에만 노력하는 거야.
(4) 越, 越 / 노력하는 자에게 행운이…
(5) 内地 / 젊은 날 노력하지 않으면 남은 생은 내륙에서만!
(6) 关于, 过 / 사랑에 대해서라면 나도 열심히 해 봤다.
(7) 人才, 人力, 聪明 / 당신은 인재인가, 인력인가. 열심히 일하는 것보다 중요한 것은 똑똑하게 일하는 것.
(8) 荒废, 拼命 / 네가 빈둥빈둥할 때, 다른 사람들은 모두 죽을 둥 살 둥 산다.

Step #3 어법 포인트

❶ (1) 对于
　 (2) 对于
　 (3) 关于
　 (4) 对于
　 (5) 关于
❷ (1) 即使你拿冠军, 也不应该得瑟
　 (2) 即使老师不在, 也不要逃课
　 (3) 即使你爱的人不是我, 我还爱你
　 (4) 即使她离开你, 还不应该恨她

Step #4 작문 끝장내기

❶ (1) 再努力一点点
　 (2) 只要努力过, 就不后悔
　 (3) 你不努力, 谁也给不了你想要的生活
　 (4) 今天不努力工作, 明天努力找工作
　 (5) 我没有伞, 所以我要努力奔跑
❷ (1) 将来的你
　 (2) 都藏在你看不见的地方

06 제 친구가 되어주세요!

Step #1 듣고 외우기

(1) 值　　(2) 羡慕　　(3) 身边
(4) 质量　　(5) 亲戚　　(6) 选择
(7) 余地　　(8) 分开　　(9) 彼此　　(10) 回忆

Step #2 듣고 쓰기

(1) 自己 / 친구는 또 하나의 나.
(2) 一生一起 / 친구야 평생 함께 가자.
(3) 仅仅 / 우린 그저 친구일 뿐.
(4) 值 / 이런 친구들이 있어 살아갈만하지 않나요?
(5) 无需, 忘记 / 친구는 애써 기억할 필요 없어. 잊은 적이 없으니까.
(6) 人人, 如果, 就 / 누구에게나 모자란 친구가 하나씩은 있다. 만약 네게 그런 친구가 없다면 네가 바로 그런 친구다.
(7) 亲戚, 余地 / 하늘은 누가 당신의 가족이 될지 결정했죠. 다행인 것은 친구를 선택할 여지는 당신에게 남겨 두었다는 것.
(8) 回忆, 时光 / 함께 했던 시간을 추억해. 우리의 우정은 내 기억 한 켠의 가장 아름다운 장면이야.

Step #3 어법 포인트

❶ (1) 不是, 而是
　 (2) 不是, 就是
　 (3) 不是, 而是
　 (4) 不是, 就是
❷ (1) 누구나 글래머 친구 한 명씩 있다.
　 (2) 집집마다 말 안 듣는 아이가 하나씩은 있다.
　 (3) 난 매일 1시간씩 공부한다.
　 (4) 자연 미인의 비율이 해마다 감소한다.

Step #4 작문 끝장내기

❶ 朋友要的不是数量, 而是质量
❷ (1) 在一起
　 (2) 分开了
　 (3) 玩起来
　 (4) 做起事来
　 (5) 在彼此家长面前
　 (6) 在彼此朋友面前

Step #1 듣고 외우기

(1) 告诉　(2) 装作　(3) 其实

(4) 暗恋　(5) 耽误　(6) 仍然

(7) 出口　(8) 秘密　(9) 博客　(10) 删除

Step #2 듣고 쓰기

(1) 告诉 / 내가 널 좋아한다고 말할까 말까?

(2) 放, 香 / 네 방귀 냄새마저도 향긋해.

(3) 耽误, 暗恋 / 학업에 방해가 되는 건 '이른 사랑'이 아니라 '짝사랑' 이다.

(4) 错过, 错过 / 놓치지 마세요. 놓치면 안 되는 사람을...

(5) 爱上 / 당신을 짝사랑하고 있는 그에게 기회를 주세요. 어쩌면 당신도 그를 사랑하게 될지도...

(6) 某个, 某个 / 함께 있고 싶어 며칠만이라도, 어디든. 언제든.

(7) 连, 都, 失去 / 난 단 1초도 그녀를 가진 적이 없는데, 느낌은 마치 수만 번 그녀를 잃었던 것 같다.

(8) 暗恋, 删除 / 널 짝사랑할 때, 난 늘 네 블로그에 몰래 방문하고는 '다녀간 이웃'의 흔적을 삭제했지.

Step #3 어법 포인트

❶ (1) 我喜欢会玩儿的人

　(2) 你会喝酒吗

　(3) 我不会开车

　(4) 她真会穿衣服

　(5) 我妈妈很会做菜

　(6) 她会喜欢我吗

　(7) 她绝对不会喜欢你

　(8) 我们一定会结婚

❷ (1) 진도가 안 나가. 손도 못 잡아봤어.

　(2) 걔 또 삐쳤어. 문자도 안 보내네.

　(3) 걔 여자친구한테 차였어. 아파서 밥도 안 먹어.

Step #4 작문 끝장내기

(1) 我想你的时候, 你也会想我吗

(2) 喂, 你给我听着! 我喜欢你

(3) 其实一直暗恋你

(4) 只要你的一眼, 我就可以快乐

(5) 暗恋, 你的名字是我不敢说出口的秘密

(6) 如果有一天, 我不再烦你, 你会想我吗

(7) 我仍然希望你幸福快乐, 就算你不爱我

Step #1 듣고 외우기

(1) 拥有　(2) 不曾　(3) 包容

(4) 心宽　(5) 上映　(6) 挑战

(7) 超越　(8) 半天　(9) 演员　(10) 导演

Step #2 듣고 쓰기

(1) 快乐, 幸福 / 기쁨과 자유, 행복을 기원해요. 마음은 풍요롭고 몸은 가볍게!

(2) 获得, 失去 / 냉정과 열정 사이. 얻음과 동시에 잃는 것도 있지.

(3) 挑战, 超越 / 매일매일이 새로운 시작이다. 도전으로 한계를 극복한다!

(4) 虽然, 但, 不曾 / 비록 우린 서로 다른 꿈과 삶을 가지고 있지만, 그래도 우린 여전히 우리다! 변함 없이!

(5) 半天, 只会 / 글귀 하나를 보고 한참을 웃었다. 완전 와 닿는 그 글귀는: 널 KO시킬 순 없으니, 네게 더 완전한 OK를 받아내겠어~! 꿀문장. 땡큐!

(6) 角色, 演员 / 〈양귀비〉와 같은 시나리오, 그리고 배역을 만난 것은 배우로서의 행복! 최고의 연출진과 함께 일할 수 있음은 연기자로서의 행운!

Step #3 어법 포인트

❶ (1) (O)

　(2) (X) / 虽然你不高, 但是我喜欢你

❷ (1) 我虽然不高, 但是我不穿增高垫

　(2) 虽然我没有钱, 但是我给她买包

　(3) 虽然汉语很难, 但是我要继续学习

❸ (1) 不管你在哪里, 我都要跟你在一起

　(2) 不管你说什么, 我都相信你

　(3) 不管天气好不好, 我都要参加

　(4) 不管你信不信, 我说的都是真的

Step #4 작문 끝장내기

(1) 我们都是值得幸福的人

(2) 除了感谢还是感谢

(3) 不想爱我

(4) 不能爱我

(5) 不愿爱我的人

(6) 才是真的幸福

09 여배우의 SNS ❷

Step #1 듣고 외우기

(1) 且 … 且 …　(2) 勉强　(3) 凌晨　(4) 插花
(5) 赎罪　(6) 拍摄　(7) 支持　(8) 一瞬间
(9) 珍惜　(10) 参鸡汤

Step #2 듣고 쓰기

(1) 参鸡汤 / 삼계탕. 몸 튼튼. 운 튼튼. 맘 튼튼.

(2) 自然醒 / 몇 주만에 실컷 잤다. 완전 행복해! Good afternoon～!

(3) 且, 且 / 일할 땐 : 마음을 다하되 자연스럽고, 열정을 쏟되 무리하지 말기!

(4) 凌晨, 束 / 새벽에 꽃꽂이 쌤과 꽃시장에 다녀왔어요. 꽃을 한 아름 샀지요. 집안이 화사해졌어요.

(5) 难忘, 力量 / 어제를 잊을 수 없을 거예요. 여러분과 나눈 이야기들이 너무 행복했어요. 여러분은 제게 있어 최고의 에너지예요.

(6) 支持, 只要, 就 / 여러분 고마워요. 응원을 한다는 게 얼마나 힘든지 잘 알아요. 매번 감사하고, 감동입니다. 그저 여러분이 곁에 있어준다면 계속 열심히 할게요. 잘 자요.

Step #3 어법 포인트

❶ (1) 因为你长得帅, 所以找工作不会太难
　 (2) 因为我长得丑, 所以我要拼命学习
　 (3) 因为汉语太难, 所以我放弃了
　 (4) 因为下暴雨, 所以运动会取消了
❷ (1) ⓑ
　 (2) ⓒ
　 (3) ⓐ
　 (4) ⓐ
　 (5) ⓒ

Step #4 작문 끝장내기

(1) 因为有你们
(2) 因为有你们
(3) 最近我太忙了
(4) 是不是伤心了
(5) 珍惜时间
(6) 珍惜身边的人

10 남자 사람의 SNS

Step #1 듣고 외우기

(1) 比赛　(2) 深切　(3) 岗位
(4) 修行　(5) 学会　(6) 承受
(7) 淡定　(8) 超脱　(9) 智慧　(10) 困难

Step #2 듣고 쓰기

(1) 深切, 岗位 / 세상에 쉬운 직업은 없다는 걸 확실히 알게 되었어요. 각자의 위치에서 모두 좋은 일만 가득하길.

(2) 让 / 최고의 행복은 하고 싶은 일을 하면서 당신을 사랑하는 이들까지 만족시키는 것.

(3) 大事小事 / 크건 작건 귀찮게 굴어도 고맙단 말이 필요 없는 친구! 전 있는데, 여러분도 있는 거죠?

(4) 如果, 那么 / 만약 당신이 발걸음을 떼기로 마음 먹었다면. 이제 그 길에서 가장 큰 어려움은 없어진 거랍니다.

(5) 修行, 终将 / 인생은 수행의 장이죠. 모두가 각자에게 주어진 인생의 길에서 '베풂. 인내. 견지. 침착. 해탈. 포용. 감사'를 배웁니다. 그리고 결국 이것들이 우리를 더 성숙하고 지혜롭고 아름답게 만들죠.

Step #3 도전! 가로세로 배틀

가로열쇠 ❶ 有口无心　　**세로열쇠** ⓐ 拥有
　❷ 从来　　ⓑ 尽心尽力
　❸ 获得　　ⓒ 冲起来
　❹ 甩　　ⓓ 得瑟
　❺ 狮子座　　ⓔ 老子
　❻ 晒出　　ⓕ 胸垫
　❼ 增高垫　　ⓖ 谈恋爱
　❽ 秀恩爱　　ⓗ 出现

Step #4 작문 끝장내기

(1) 可太不好意思了
(2) 祝大家每天快乐健康
(3) 想做更好的自己
(4) 就像自己的生活一样

Step #1 듣고 외우기

(1) 大叔　　(2) 丢人　　(3) 迷路
(4) 乞丐　　(5) 讨厌　　(6) 多么
(7) 可怕　　(8) 联盟　　(9) 队长　　(10) 双面

Step #2 듣고 쓰기

(1) 丢人　　　　　　　(2) 창피하죠?
(3) 装作　　　　　　　(4) 모른척했죠?
(5) 迷路　　　　　　　(6) 装作
(7) 一　　　　　　　　(8) 就
(9) 술 마시면 맨날 같이 죽자는 소리만 하고…
(10) 乞丐　　　　　　　(11) 更坏
(12) 그래도 안 미워요.　(13) 连
(14) 也　　　　　　　　(15) 그러니까 안 미워할래.

Step #3 어법 포인트

❶ (1) 他是个妻管严, 一下班就回家
　(2) 他是个公司蛀虫, 一上班就干活
　(3) 他一谈恋爱, 就分手
　(4) 他一喝酒, 就脸红
　(5) 一到下雨天, 她的心情就不好
　(6) 我一回家, 我爱人就准备吃晚饭
❷ (1) 如果你喜欢我, 就表白一下。我准备好了
　(2) 如果你不来, 我就生气了
　(3) 如果有钱的话, 那借给我吧
❸ (3) 宁可, (4) 即使

Step #4 작문 끝장내기

(1) 钢铁侠
(2) 美国队长
(3) 复仇者联盟
(4) 变形金刚
(5) 悲惨世界
(6) 末日列车
(7) 饥饿游戏
(8) 双面君主

Step #1 듣고 외우기

(1) 就算　　(2) 到底　　(3) 隔壁
(4) 蛀牙　　(5) 嚼　　　(6) 碎
(7) 喜剧　　(8) 爱情　　(9) 纪录　　(10) 冒险

Step #2 듣고 쓰기

(1) 蛀牙　　　　　　　　(2) 충치가 몇 개냐?
(3) 除了　　　　　　　　(4) 都
(5) 금이빨 빼고, 모조리 씹어 먹어 줄게.
(6) 不认识　　　　　　　(7) 미안하다. 그때 모른척해서 미안해.
(8) 第一次　　　　　　　(9) 처음 봐요. 아저씨 웃는 게!
(10) 独自　　　　　　　　(11) 할 수 있지?
(12) 抱　　　　　　　　　(13) 抱

Step #3 어법 포인트

❶ (1) 就算你不同意, 我们也要这样做
　(2) 就算没有人支持我, 我也要走我的路
　(3) 即使她不来, 我也不会恨她
　(4) 即使你骂我, 我也不会介意
❷ (1) 除了我以外, 都是S型身材
　(2) 除了双眼皮以外, 也开了眼角
　(3) 除了开眼角以外, 还做过什么
　(4) 除了开眼角以外, 还隆过鼻

Step #4 작문 끝장내기

(1) àiqíngpiān
(2) kǒngbùpiān
(3) 动作片
(4) 喜剧片
(5) 犯罪片
(6) zhànzhēngpiān
(7) wǔxiápiān
(8) 记录片
(9) 冒险片
(10) 科幻片

13 〈베테랑〉 명대사

Step #1 듣고 외우기

(1) 财阀　　(2) 原谅　　(3) 刑警
(4) 上当　　(5) 老手　　(6) 称作
(7) 荒唐　　(8) 那么点儿　(9) 饼干　　(10) 而已

Step #2 듣고 쓰기

(1) 得瑟 / 내가 죄 짓고 살지 말랬지? 이 XX새끼야!

(2) 收钱, 面子 / 너 돈 먹었지? 진짜 죽을라고… 우리가 돈이 없지 가오가 없어?

(3) 说得很短, 弄成 / 잠깐 잠깐, 아 젊은 양반이 말이 좀 짧으시네. 나 여기 가게 사장인데, 동네 난리 쳐놓고 어딜 가?

(4) 那么点钱

(5) 多给你一些

(6) 내가 좀 더 얹었어요.

(7) 看来

(8) 그럼 이걸로 오늘 상황은 정리 끝난 거예요~ 힘내시고~

Step #3 어법 포인트

❶ (1) (X) / 说汉语说得很好
　 (2) (O)
　 (3) (X) / 你讲得很有意思
　 (4) (O)
　 (5) (O)
❷ (1) 我过得很好
　 (2) 我过得不好
　 (3) 你过得好吗
　 (4) 你过得怎么样
　 (5) 你说的都对
　 (6) 最近累得要命
　 (7) 热得就像夏天
　 (8) 忙得连吃饭的时间都没有
　 (9) 喝咖啡喝得太多

Step #4 작문 끝장내기

❶ (1) 活得真有意思
　 (2) 活着不要犯罪哦
❷ (1) 师傅　　(2) 把手
　 (3) 无语　　(4) 状况
　 (5) 荒唐　　(6) 耽误
　 (7) 心情

14 〈대지진〉 명대사 ❶

Step #1 듣고 외우기

(1) 指向　　(2) 吹　　(3) 骗　　(4) 算话
(5) 旁边　　(6) 要是　　(7) 下半辈子　(8) 当牛做马
(9) 拿主意　(10) 犹豫

Step #2 듣고 쓰기

(1) 나 토마토 먹고 싶어!

(2) 让给弟弟吃

(3) 기다려 봐.

(4) 엄마가 내일 사줄게.

(5) 거짓말쟁이.

(6) 说话算话

Step #3 어법 포인트

❶ (1) ⓑ
　 (2) ⓐ
　 (3) ⓐ
　 (4) ⓒ
　 (5) ⓑ
　 (6) ⓐ
　 (7) ⓒ
　 (8) ⓒ
　 (9) ⓑ
❷ (1) ⓐ
　 (2) ⓒ
　 (3) ⓓ
　 (4) ⓑ

Step #4 작문 끝장내기

(1) 救你出来
(2) 엄마 여기 있어.
(3) 旁边
(4) 부탁드려요
(5) 要是
(6) 活不了
(7) 下半辈子
(8) 当牛做马

⑮ 〈대지진〉 명대사 ❷

Step #1 듣고 외우기

(1) 表现　　(2) 差点　　(3) 地震
(4) 耳边　　(5) 懂　　(6) 从…到…
(7) 挺~的　　(8) 花红柳绿　　(9) 折磨　　(10) 媳妇

Step #2 듣고 쓰기

(1) 地震
(2) 压
(3) 남동생을 구해달라고 했어요.
(4) 写在我耳边上
(5) 忘不掉
(6) 하지만 명심하렴.
(7) 终究

Step #3 어법 포인트

❶ (1) [dé] / 나는 어떻게 그녀의 마음을 얻어야 할지 모르겠다.
　　(2) [děi] / 신고 해야 돼. 이건 김부장이 널 성희롱한거야.
　　(3) [dé] / 한국 팀이 금메달을 획득했다.
　　(4) [děi] / 우리 조심해야 돼. 낮말은 새가 듣고 밤말은 쥐가
　　　　　　 듣는다잖아.
　　(5) [dé] / 이번 시험에서 100점을 받았다.
❷ (1) ③
　　(2) ③
　　(3) ④
　　(4) ③
　　(5) ④
　　(6) ④

Step #4 작문 끝장내기

❶ (1) 妈没骗你
　　(2) 才知道什么叫没了
　　(3) 我这辈子就给他当媳妇
❷ (1) 怎么过来
　　(2) 花红柳绿
　　(3) 折磨
　　(4) 没有办法原谅

⑯ 〈미생〉 명대사

Step #1 듣고 외우기

(1) 所谓　　(2) 前进　　(3) 继续
(4) 围棋　　(5) 无论如何　　(6) 值得
(7) 不够　　(8) 地狱　　(9) 崭新　　(10) 全力以赴

Step #2 듣고 쓰기

(1) 皆大欢喜 / 모두를 만족시키는 선택은 없다.
(2) 下围棋, 棋子 / 바둑판 위에 의미 없는 돌은 없다.
(3) 怪 / 남 탓 하지 마라. 내가 부족한 것이다.
(4) 所谓, 前进 / 길이란 걷는 것이 아니라 걸으면서 나아가는 것
　　　　　　 이 중요하다. 나아가지 못하는 길은 길이 아니다.
(5) 无论如何 / 그래도 살아야만 하는 인생. 그래도 살 만한 세상.
(6) 还是 / 우린 아직 다 미생이야.

Step #3 어법 포인트

❶ (1) ⓐ
　　(2) ⓑ
　　(3) ⓒ
　　(4) ⓐ
　　(5) ⓑ
❷ (1) 전 어제 영화를 봤어요. ('어제'를 강조)
　　(2) 전 혼자 영화를 봤어요. ('혼자'를 강조)
　　(3) 전 집에서 영화를 봤어요. ('집에서'를 강조)
　　(4) 저는 영화 본 것이 아니에요.
　　(5) 저 혼자 영화 본 것은 아니에요!

Step #4 작문 끝장내기

(1) 虽然, 但是
(2) 即使, 也
(3) 如果
(4) 不是, 而是
(5) 如果, 那
(6) 因为, 所以

17 〈한국 드라마〉 명대사 모음

Step #1 듣고 외우기

(1) 沙漏   (2) 欣赏   (3) 聆听
(4) 烧焦   (5) 味道   (6) 燃烧
(7) 回答   (8) 充满   (9) 魅力   (10) 说不定

Step #2 듣고 쓰기

(1) 不管, 还是, 命运 / 원하든 원하지 않든 일어날 일은 일어나게 돼있어요. 지구인들은 그것을 운명이라고 부르더군요.

(2) 或者, 都 / 네가 나를 좋아하든 싫어하든 상관없어. 넌 내 여자니까.

(3) 不是, 而是, 所以, 充满魅力 /
너를 사랑해서 결혼하겠다는 것이 아니라, 너만 사랑해서 결혼하겠다는 거잖아. 이 어메이징한 여자야!

(4) 单词, 礼物, 现在, 说不定, 珍贵, 眼前, 时间 /
'present'라는 영어단어에는 두 가지 뜻이 있다. 선물, 그리고 현재. 어쩌면 우리에게 가장 소중한 선물은 현재, 바로 지금 눈앞에 있는 시간이라는 의미일지도 모른다.

Step #3 어법 포인트

❶ (1) ⓑ   (2) ⓑ   (3) ⓒ
   (4) ⓐ   (5) ⓐ   (6) ⓒ

❷ (1) 不知道要学汉语还是要学英语
   (2) 去中国还是去日本, 我还没决定

❸ (1) 너 얼른 가 봐. 어쩌면 그녀가 널 기다리고 있을지도 몰라.
   (2) 담백하게 물어봐. 어쩌면 그녀도 널 좋아할지 몰라.
   (3) 현금결제든 카드결제든 다 좋아요.
   (4) 전적으로 믿든지, 아예 믿지 말든지!

Step #4 작문 끝장내기

(1) 没有任何人欣赏
(2) 没有任何人聆听
(3) 不需要钱
(4) 今天是末日
(5) 没受过伤害
(6) 我对你的心正在燃烧
(7) 还是要和我亲亲
(8) 还是要和我睡觉
(9) 还是要和我一起死
(10) 开什么玩笑
(11) 用钱买就行了吧

18 〈남방소양목장〉 명대사 모음

Step #1 듣고 외우기

(1) 考卷   (2) 起名字   (3) 失去
(4) 耐心   (5) 共享   (6) 没有用
(7) 不一定   (8) 乐观   (9) 悲观   (10) 有时候

Step #2 듣고 쓰기

(1) 考卷, 起个名字 / '소양'이라는 여자애는 시험지마다 새끼 양 한 마리를 그렸고 '남방소양목장'이라는 이름도 지었다. 즉, 남양로라는 뜻이다.

(2) 失去, 耐心 / 잃어버린 건 꼭 돌아온다. 다만 인내심이 필요할 뿐.

(3) 共享 / 늑대와 양이 같은 초원을 누릴 수 있나요?

(4) 懂得 / 떠날 줄 아는 사람은 행복해질 수 있다.

(5) 变成, 掉, 射 / 내 보충수업은 끝이 났다. 난 똑똑한 사람이 되지는 못했지만 한 가지를 깨달았다. 답은 하늘에서 떨어진다. 다만 먼저 그 답을 쏘아 올리는 건 당신의 몫이다.

Step #3 어법 포인트

❶ (1) 그녀는 날 좋아하지만 난 그녀가 싫다.
   (2) 이렇게 하면 돈은 적게 쓰고 수확은 크게 얻는다.
   (3) 그녀는 매일 진지하고도 성실하게 생방송을 준비한다.
   (4) 그래서 그녀의 수업은 재미있으면서 참신하다.
   (5) 나는 중국어 공부를 위해 Pei의 방송을 본다.
   (6) 스모그 때문에 베이징을 떠났다.
   (7) 그 소리가 멀리에서부터 가까워진다.
   (8) 겨울에서 봄이 되었네. 시간 진짜 빠르다.

❷ (1) 时间   (2) 时候
   (3) 时间   (4) 时候
   (5) 时间   (6) 时候

Step #4 작문 끝장내기

(1) 没有用
(2) 만약 상대방이 이별을 결심했다면 말이야
(3) 不一定吧
(4) 你是这样想的啊
(5) 우린 어쩌면 지금 함께이지 않을까...
(6) 你好悲观喔
(7) 有时候就是这样子啊
(8) 时间到了该发生的就会发生

19 〈동탁적니〉 명대사

Step #1 듣고 외우기

(1) 愿望　　(2) 独一无二　　(3) 不应该

(4) 任性　　(5) 办不到　　(6) 着呢

(7) 到时候　　(8) 申请　　(9) 实在　　(10) 欠

Step #2 듣고 쓰기

(1) 愿望 / 밀레니엄이네, 소원 빌었어?

(2) 独一无二 / 성당에서 세상에 단 하나밖에 없는 결혼식을 하고 싶어. 누구와도 다른.

(3) 带 / 난 널 데리고 우리 둘만의 장소에 가고 싶어.

(4) 应该, 不应该 / 아무래도 네 아버지 말을 듣는 게 좋겠어. 이 기회 놓치지 말고 미국에 가.

(5) 离开 / 너 정말 내가 갔으면 좋겠어? 난 너랑 헤어지기 싫어. 미국 가기 싫어!

(6) 放弃 / 난 네가 나 때문에 기회를 저버리는 게 싫어. 가!

(7) 办不到 / 부탁이야 나 보내지 마. 이건 우리 둘 문제야, 나 혼자선 못 해!

Step #3 어법 포인트

❶ (1) 你应该去看看

　(2) 我该回家了

　(3) 你不应该这样

　(4) 应该明白你的意思

　(5) 该你

❷ (1) 때마침 나도 너 보고 싶었는데.

　(2) 난 줄곧 널 기다리고 있었어.

　(3) 걔가 뭐라고 하디?

　(4) 너 뭐하고 있었어?

　(5) 네가 누구였더라, 이름이 뭐였더라?

　(6) 나 가만히 있었는데 왜 또 괴롭혀?

Step #4 작문 끝장내기

(1) 要是我不去美国

(2) 你还去吗

(3) 你去哪儿我去哪儿

(4) 我想去美国找你来着

(5) 我能做的都做了

(6) 我们谁也不欠谁的

20 부모님 전상서

Step #1 듣고 외우기

(1) 一日三餐　　(2) 有意无意　　(3) 嫌弃

(4) 绑鞋带　　(5) 系扣子　　(6) 梳头发

(7) 擦鼻涕　　(8) 怪罪　　(9) 颤抖　　(10) 催促

Step #2 듣고 쓰기

(1) 辛苦 / 엄마, 수고했어요.

(2) 不变 / 영원히 변치 않는 부모님의 사랑

(3) 向, 致敬 / 세상 모든 부모님께 존경의 마음을 전합니다.

(4) 抱怨, 所有 / 부모님이 당신에게 주는 것이 부족하다고 해서 그들을 탓하지 마세요. 아마도 그것이 그들의 전부일 거예요.

(5) 一日三餐, 准备 / 내가 집에 없을 때 : 그들의 삼시 세끼는 소박소박
내가 집에 있을 때: 나를 위해 날마다 준비한 진수성찬

(6) 有意无意, 嫌弃 / 내가 집에 없을 때 : 사람들한테 그렇게 내 자랑을 하면서
내가 집에 있을 때 : 그렇게 나를 구박해.

Step #3 어법 포인트

❶ (1) 教

　(2) 给

　(3) 借

　(4) 还

　(5) 问

　(6) 告诉

❷ (1) 她高兴地说

　(2) 你冷静地想一想

　(3) 她慢慢地办手续

　(4) 怎么能轻轻松松地赚钱呢

　(5) 不要心不在焉地听了

　(6) 她总是大手大脚地花钱

Step #4 작문 끝장내기

(1) 用勺子　　(2) 穿衣服　　(3) 绑鞋带

(4) 系扣子　　(5) 洗脸　　(6) 梳头发

(7) 擦鼻涕　　(8) 擦屁股　　(9) 站不稳

(10) 走也　　(11) 紧紧　　(12) 地

(13) 就像　　(14) 一样

21 한 글자로 말해요

Step #1 듣고 외우기

(1) 完美　　(2) 听不懂　　(3) 厉害
(4) 发呆　　(5) 组成　　(6) 形容
(7) 闹　　(8) 小看　　(9) 等着瞧　　(10) 不理

Step #2 듣고 쓰기

(1) 牛, 怎么 / 쟤 진짜 짱이야! 공부 잘해, 운동 잘해, 얼굴까지 잘
　　생김. 진짜 완벽해.
(2) 听不懂, 晕 / 한마디도 못 알아듣겠다. 헐~
(3) 第六感, 汗 / 여자들 촉이 장난 아니야. 헛!
(4) 囧, 快乐 / 난 찌질하지만 그래도 뭐 난 행복해!
(5) 发, 呆 / 너 왜 '멍' 때리고 있어?
(6) 槑, 形容 / '槑'가 무슨 뜻입니까? 두개의 '멍'이 만나 '멍'보다
　　더 '멍'하다는 뜻이지요.

Step #3 어법 포인트

❶ (1) 你是怎么来的
　　(2) 你怎么每天迟到啊
　　(3) 你怎么这么漂亮
　　(4) 今天你怎么了, 怎么回事
　　(5) 我怎么说, 她也不听
　　(6) 她怎么会来呢
❷ (1) 不要 / 말하지 매 아무 것도 듣고 싶지 않아!
　　(2) 女朋友 / 난 왜 여자친구가 없는가? 도대체 왜?
　　(3) 不用 / 별말씀을. 우리가 어떤 사이입니까!
　　(4) 喜欢 / 바보야, 네가 좋아. 진짜 진짜 네가 좋아.
　　(5) 知道 / 너 알아? 걔가 너 속인 거야!

Step #4 작문 끝장내기

(1) 萌死了
(2) 太爽了
(3) 表闹
(4) 切
(5) 哼
(6) 我先闪啦

22 치킨 명언 번역하기

Step #1 듣고 외우기

(1) 炸鸡　　(2) 延续　　(3) 原味
(4) 调味　　(5) 萝卜　　(6) 分为
(7) 断言　　(8) 灵魂　　(9) 勇敢　　(10) 煮

Step #2 듣고 쓰기

(1) 推到 / 오늘 먹을 치킨을 내일로 미루지 말라.
(2) 一点 / 치킨을 먹는 것은 천국을 살짝 엿보는 것이다.
(3) 断言 / 단언컨대 치킨은 가장 완벽한 물질입니다.
(4) 分为 / 인생은 치킨을 알기 전과 후로 나뉜다.
(5) 恨, 恨 / 닭을 죽인 자는 미워하되 튀긴 자는 미워하지 말라.
(6) 就像, 一样 / B와 D사이에는 C, 즉 Birth와 Dearh 사이에
　　Chicken이 있다.
(7) 拿着, 重的那边, 轻的那边 / 양손에 치킨을 들었을 때 무거운
　　쪽은 뼈, 가벼운 쪽은 순살이다.

Step #3 어법 포인트

❶ (1) 나 드디어 아이유를 보았어.
　　(2) 너 엑소 콘서트 티켓 샀어?
　　(3) 일요일에 난 9시까지 잤어.
　　(4) 우리 회사 베이징으로 이사했어.
　　(5) 저 휴대폰 찾았어요.
　　(6) 못 찾았어요.
❷ (1) 开着
　　(2) 等着
　　(3) 没开着
　　(4) 看着
　　(5) 坐着
　　(6) 看着

Step #4 작문 끝장내기

(1) 延续
(2) 一半调味
(3) 这才是问题
(4) 如果, 那
(5) 会, 绝对不会
(6) 当, 时, 鸡翅

23 숫자로 배우는 사자성어

Step #1 듣고 외우기

(1) 遇到　　(2) 摆放　　(3) 开心果
(4) 面临　　(5) 处境　　(6) 炒饭
(7) 做法　　(8) 含冤　　(9) 乱七八糟　　(10) 选择

Step #2 듣고 쓰기

(1) 就 / 내일 두시에 봐. 번복하기 없기!
(2) 遇到 / 마음에 드는 여자를 만날 경우, 행동개시!
(3) 摆放 / 삼삼오오 놓여있는 피스타치오
(4) 面临 / 사면초가의 상황에 처하다. 지금 내 처지가 진짜 사면초가다.
(5) 做法 / 각양각색의 볶음밥 조리법.
(6) 含冤 / 여자가 한을 품으면 오뉴월에도 서리가 내린다.
(7) 怎么这么 / 방이 어쩜 이렇게 엉망진창이야?
(8) 结为 / 유비, 관우, 장비는 도원에서 의형제를 맺었다.
(9) 只要 / 열심히만 하면 열에 아홉은 성공할 수 있다.
(10) 选择 / 세상에 완벽한 선택이란 없어.

Step #3 숫자활용 사자성어 : 축복인사

(1) 순풍에 돛을 단 듯 순조롭고
(2) 두 마리의 용처럼 기세 있고
(3) 양기 듬뿍 받아 흥성하시고,
(4) 사계가 평안하시길 바랍니다
(5) 다섯 가지 복이 저절로 찾아오고
(6) 모든 일이 순조롭길 바라며
(7) 북두의 모든 별이 높이 비추고
(8) 팔방에서 금은 재화가 쏟아지기를
(9) 결국에는
(10) 모든 것이 완전무결하시길 기원합니다
(11) 계획하신 모든 일이 마음처럼 진행되고
(12) 모든 일에 행운이 깃들며
(13) 만사 형통하시기를 축원합니다.

Step #4 사자성어 끝장내기

❶ (1) 一言为定 / 한 마디로 약속하다. 번복 따위 없음
　(2) 二话不说 / 두 말 하지 않다(행동개시)
　(3) 三三两两 / 삼삼오오, 둘씩 셋씩
　(4) 四面楚歌 / 사면초가, 곤경에 처하다, 사방이 적이다
　(5) 五花八门 / 각양각색, 형형색색
　(6) 六月飞霜 / 유월에도 서리가 내리다. 억울한 일을 겪다

　(7) 乱七八糟 / 엉망진창이다. 뒤죽박죽이다. 아수라장이다
　(8) 八拜之交 / 의형제, 결의 형제, 의자매
　(9) 十有八九 / 십중팔구, 열에 아홉, 거의
　(10) 十全十美 / 완전무결한

❷ (1) ⓐ － ⑨ － ㉠　　(2) ⓑ － ① － ㉝
　(3) ⓒ － ② － ㉡　　(4) ⓓ － ⑧ － ⓞ
　(5) ⓔ － ③ － ㉢　　(6) ⓕ － ⑥ － ㉦
　(7) ⓖ － ⑦ － ㉣　　(8) ⓗ － ⑤ － ㉤
　(9) ⓘ － ④ － ㉥

24 다이어트는 내일부터

Step #1 듣고 외우기

(1) 零食　　(2) 坚持　　(3) 借口
(4) 迷恋　　(5) 分手　　(6) 其他
(7) 克制　　(8) 意味着　　(9) 大多数　　(10) 遗憾

Step #2 듣고 쓰기

(1) 从, 开始 / 더 먹지 말아요! 샤브샤브, 초콜릿, 간식과 작별 인사를 나누세요. 다이어트는 지금부터!
(2) 迷恋 / 살아 살아, 네가 싫어졌어. 그만 가줘! 나한테 미련 가지지 말아줘, 우리 헤어지자!
(3) 意味着, 大多数 / 사랑을 몰라서 솔로인 것이 아니다. 대다수의 원인은 네가 뚱뚱해서다.
(4) 瘦过, 遗憾 / 나이가 들어 회상을 할 때 한 평생 단 한 번도 날씬했던 적이 없다면 얼마나 후회가 되겠는가!
(5) 减不了 / 뺄 수 없는 살은 없다. 정확하지 않은 방법만 있을 뿐!
(6) 幻想 / 살이 빠진 스스로의 모습을 상상만 할 텐가!
(7) 愿望, 其他 / 우리에겐 꿈이 하나 있어요. 사실 참 작은 바람이죠. 우리도 다른 여자들처럼 치마도 입고 연애도 하고 싶어요.

Step #3 어법 포인트

❶ (1) 你怎么总是迟到
　(2) 我通常迟到, 但不是故意的
　(3) 他也常常迟到
　(4) 你也偶尔迟到吗
　(5) 我很少迟到
　(6) 我从不迟到

❷ (1) 看起来　　(2) 穿起来　　(3) 说起来
　 (4) 做起来　　(5) 团结起来　(6) 收集起来
　 (7) 打起来　　(8) 唱起来

Step #4 작문 끝장내기

(1) 减肥从明天开始
(2) 说我不用减肥的人，都是坏人
(3) 再难也要坚持减肥! 没借口
(4) 要漂亮总是要付出代价的
(5) 减肥没有失败，只有放弃
(6) 连体重都控制不了，怎么控制人生
(7) 我不是不想减肥。我只是怕反弹而已
(8) 必须减肥! 再不克制就一辈子羡慕别人了

25 공신 vs 깡통

Step #1 듣고 외우기

(1) 注定　　　(2) 作用　　　(3) 衬托
(4) 优秀　　　(5) 厕所　　　(6) 懒
(7) 屎尿　　　(8) 不许　　　(9) 翻书　　　(10) 家长

Step #2 듣고 쓰기

(1) 学霸, 学渣 / 공신이 되자. 깡통 말고!
(2) 当 / 난 공신이 되겠어!
(3) 终于, 衬托 / 난 마침내 깡통의 역할에 대해 알게 되었다. 그
　　　　　　건 바로 공신을 더 돋보이게 해주는 것이다.
(4) 滚 / 키 커? 돈 많아? 잘생겼어? 아니라면! 닥치고 공부!
(5) 共同点 / 공신과 깡통의 공통점은 둘 다 숙제할 때 책을 넘겨
　　　　　　보지 않는다는 점이다.
(6) 学霸 / 세상에는 세 종류의 공신이있다.
　　 届 / 첫번째는 선생님이 말씀하시는 '전 기수 선배'
　　 家长 / 두번째는 엄마가 말씀하시는 '엄마 친구 아들'
　　 别的家长 / 세번째는 엄마 친구가 이야기하는 '본인 아들'

Step #3 어법 포인트

❶ (1) 내가 바로 내 여친 보여줄게!
　 (2) 기다려. 그녀가 곧 도착할 테니.
　 (3) 봐! 내가 바로 내 여친이야!

(4) 우린 바로 클럽에서 알게 되었어.
(5) 안 헤어져! 절대 안 헤어져!
(6) 올해 난 꼭 여친 사귈거야.
(7) 우린 3일 전에 벌써 헤어졌지.
(8) 그녀는 스물 일곱에 벌써 결혼했어.

❷ (1) ⓐ－③－ⓒ
　 (2) ⓑ－①－ⓛ
　 (3) ⓒ－⑤－㉠
　 (4) ⓓ－⑥－ⓒ
　 (5) ⓔ－⑧－ⓗ
　 (6) ⓕ－②－ⓔ
　 (7) ⓖ－⑦－ⓜ
　 (8) ⓗ－④－ⓢ

Step #4 작문 끝장내기

(1) 你是学霸还是学渣
(2) 想当学霸，那就好好努力啊
(3) 你错了几题
(4) 你对了几题
(5) 老师我想上厕所
(6) 是不是哪里不舒服啊
(7) 老师我想上厕所

26 우리 헤어져!

(1) 适合　(2) 怪　(3) 伤心
(4) 至少　(5) 只能　(6) 凉
(7) 续　(8) 默默　(9) 祝福　(10) 旅途

(1) 分手 / 더는 널 사랑하지 않아. 우리 헤어져.

(2) 一直 / 왜 계속 헤어지자고 해?

(3) 之后 / 이별 후에도 널 사랑해.

(4) 还可以 / 이별 후에도 우린 여전히 친구야.

(5) 时光 / 안녕. 그때. 그리고 그대.

(6) 适合 / 우린 잘못하지 않았어. 다만 맞지 않을 뿐.

(7) 伤心 / 아프지 않은 이별은 없다.

(8) 至少, 只能 / 넌 이별이라도 하지. 난 다른 사람 이별하는 것
　　　만 쳐다보고 있어.

❶ (1) 坐坐　　　　(2) 看看
　 (3) 尝尝　　　　(4) 看看, 听听, 休息休息
❷ (1) 本来(原来)　(2) 原来(本来)
　 (3) 本来　　　　(4) 本来
　 (5) 原来　　　　(6) 原来

❶ (1) 分手不是你的错
　 (2) 对不起, 其实你是个好人
　 (3) 再见了, 我那么那么爱你, 一点也不遗憾
　 (4) 你不懂我, 我不怪你
❷ 다 식은 차에 다시 물을 붓는다 해도,
　 이미 원래의 맛이 아니듯
　 떠난 사람을 다시 붙잡아둔다 해도,
　 이미 원래의 감정이 아니며
　 식은 감정을 다시 곱씹어본다 해도,
　 이미 원래의 사랑이 아니다.
　 내 것일 때 아껴주고 떠난 후엔 그저 축복해주기
　 인생이라는 여정에, 반드시 당신과 끝까지 함께해주어야 할
　 사람은 없다.

27 그대들도 외롭나요?

(1) 孤单　(2) 系统　(3) 提示
(4) 感受　(5) 极度　(6) 却
(7) 寂寞　(8) 何必　(9) 忽略　(10) 陪

(1) 长久以来 / 난 너무 오랫동안 많이 외로웠어.

(2) 系统 / 생일에 QQ시스템 문자만이 내 생일을 축하해준다.

(3) 无所谓 / 외로운 이들은 늘 괜찮다고 말한다.

(4) 透, 变成 / 너무 많이 알고 너무 자세히 보면 세상에서 혼자가
　　　되 거야.

(5) 孤单, 温暖 / 외로운 이들에겐 사랑이 필요한 게 아니에요.
　　　　다만 온기가 필요한 거죠.

(6) 解释, 解释 / 날 이해하는 이들에겐 설명이 필요 없고, 날 이
　　　　해 못 해주는 이들에겐 설명할 필요가 없네.
　　　　외롭다!

(7) 回家, 习惯 / 혼자서 집으로 돌아가는 길 혼자 휴대폰을 하고
　　　　혼자 놀고, 혼자 음악 듣다 멍 때리고 그렇게 조
　　　　금씩 혼자인 것에 익숙해져 간다.

❶ (1) ⓒ / 오늘은 조금도 기쁘지 않아.
　 (2) ⓑ / 식탁 위에 물이 조금 있다.
　 (3) ⓐ / 자기야. 천천히 좀!
　 (4) ⓐ / 선생님 오셨어. 다들 조용히 좀!
　 (5) ⓑ / 엄마, 돈 좀 주세요.
　 (6) ⓒ / 그녀는 날 조금도 사랑하지 않아.
❷ (1) ⓐ / 너 또 술 마셨냐!
　 (2) ⓒ / 신입도 아닌데, 어쩜 그렇게 맹하냐?
　 (3) ⓑ / 보고 또 보고, 먹고 또 먹고
　 (4) ⓒ / 내가 부르지도 않았는데 쟤 왜 왔지?
　 (5) ⓐ / 그는 어째서 또 화장실에 갔어?
　 (6) ⓑ / 마시고 또 마시고

(1) 一点儿也不孤单
(2) 越长大, 越孤单
(3) 今夜不寂寞。浪漫瞬间，感受极度心跳
(4) 我不怕孤单。因为我一直都是一个人
(5) 当朋友忽略你时不要伤心, 每个人都有自己的生活,
　　谁都不可能一直陪你

Step #1 듣고 외우기

(1) 眼熟　　(2) 手相　　(3) 疲惫

(4) 温柔　　(5) 梦想　　(6) 唱反调

(7) 挑毛病　(8) 孩子气　(9) 搞暧昧　(10) 欲擒故纵

Step #2 듣고 쓰기

(1) 手相 / 손금 봐 드릴까요?

(2) 眼里 / 내 눈에 너뿐이라. 내 세상은 너무 작아.

(3) 错, 对 / 만약 내 사랑이 오답이라면, 난 정답 따위 바라지 않아!

(4) 全部 / 난 네게 세상을 줄 수는 없지만, 내 세상의 전부를 너에게 줄게.

(5) 只, 那天, 那天 / 난 널 이틀만 사랑할래. 네가 있는 날, 그리고 네가 없는 날.

(6) 疲惫 / 넌 내 힘든 삶 속 가장 따뜻한 꿈이야.

(7) 脸皮, 厚 / 너 진짜 뻔뻔하다!

(8) 搞暧昧, 玩 / 너 나 간보는 거야? 나 가지고 밀당하지 매

Step #3 어법 포인트

❶ (1) (X)

　　(2) (X)

　　(3) (X)

❷ (1) 刚才你说什么了

　　(2) 刚才的她真漂亮

　　(3) 她刚走, 你快去看看吧

　　(4) 我刚来的时候, 什么都不懂

Step #4 작문 끝장내기

(1) 看上去

(2) 唱反调

(3) 挑毛病, 碰

(4) 管

(5) 孩子气

(6) 收回

Step #1 듣고 외우기

(1) 聊天室　(2) 踢　　(3) 完全

(4) 娱乐　　(5) 节目　　(6) 频率

(7) 肚里　　(8) 主播　　(9) 类型　　(10) 后悔

Step #2 듣고 쓰기

(1) 레알, 이 옷 레알 나한테 주는거야?

(2) 잉여, 컴퓨터로 하면 될 것을 손으로 하다니, 레알 잉여 쩌는구나!

(3) 드립, 어제 채팅방에서 드립 치다가 강퇴 당했어.

(4) 돌직구, 그녀는 돌직구라 말을 담아두지 않는다.

(5) 볼매, 이 BJ 볼매 스타일이네.

(6) ~돋네, 안 보면 후회, 잘생김 돋음.

(7) 꿀잼, 이 책 진짜 꿀잼이다.

(8) 패밀리, 우리는 뽸밀뤼~

Step #3 도전! 가로세로 배틀

가로열쇠　❶ 一生一世我爱你

　　　　　　❷ 十全十美

　　　　　　❸ 共同点

　　　　　　❹ 开什么玩笑

　　　　　　❺ 五花八门

세로열쇠　ⓐ 一帆风顺

　　　　　　ⓑ 世界

　　　　　　ⓒ 素颜美女

　　　　　　ⓓ 全力以赴

　　　　　　ⓔ 共享

　　　　　　ⓕ 乱七八糟

　　　　　　ⓖ 开工

　　　　　　ⓗ 玩手机

Step #4 작문 끝장내기

(1) 相信我　　　　(2) 辛苦了

(3) 还有我　　　　(4) 我在这

(5) 你等我　　　　(6) 我爱你

(7) 단 한 번도 그를 떠난 적이 없었다

Step #1 듣고 외우기

(1) 鸟　　(2) 得病　　(3) 避免

(4) 谢意　　(5) 冤家　　(6) 收获

(7) 真诚　　(8) 美德　　(9) 窄　　　(10) 积少成多

Step #2 듣고 쓰기

진짜 명언

(1) 시작이 반이다.

(3) 일찍 일어나는 새가 벌레를 잡는다.

(5) 고생 끝에 낙이 온다. (고진감래)

(7) 피할 수 없다면 즐겨라.

(9) 인내는 곧 미덕이다.

(11) 원수는 외나무다리에서 만난다.

박명수 어록

(2) 시작은 반이 아니다. 시작일 뿐이다.

(4) 일찍 일어나는 새가 피곤하다.

(6) 고생 끝에 골병 난다.

(8) 즐길 수 없다면 피해라.

(10) 세 번 참으면 호구된다.

(12) 원수는 회사에서 만난다.

Step #3 어록 끝장내기

(1) 未来, 创造

(2) 过不去, 回不去

(3) 做不到, 坚持不了

(4) 重要, 位置, 方向

(5) 希望, 坚持

(6) 到不了